HALLO!

Sie sitzen alle im selben (U-)Boot: Die Pappkameraden vom **GEOlino-extra-Team** Melanka, Simone, Nele (oben), Jan, Verena und Amin (unten)

»Die Welt unter Wasser ist faszinierend, rätselhaft, vielfältig – und schützenswert! **Denn unsere Ozeane sind bedroht**, etwa von Plastikmüll, der tonnenweise darin landet. Warum das zum Problem werden kann, lest ihr ab Seite 74 und in dem kleinen Heft, das vorn auf dem Cover klebt. Darin findet ihr auch viele Tipps, was jeder von uns zum Schutz der Meere tun kann.«
Simone, Managing Editorin

»Natürlich haben wir auch diesmal einen tollen Werkstatt-Tipp für euch auf dem Schirm: **eine Quallenlampe!** Mit der verwandelt ihr euer Zimmer in eine verwunschene Unterwasserwelt. Die Anleitung dafür findet ihr auf Seite 50. Ich bin schon gespannt auf eure Ergebnisse! Schickt uns gern ein Foto davon, die Adresse findet ihr unten. Oder teilt es mit uns auf Instagram. Viel Spaß beim Basteln!«
Melanka, Bildredakteurin

SCHREIBT UNS!
Wie gefällt euch die neue Ausgabe? Wir freuen uns über Lob, Kritik und Anregungen – per Mail an: briefe@geolino.de

»Könnt ihr euch vorstellen, dass ein **zehn Meter langes Tier über Jahrhunderte unentdeckt** bleibt? Ich auch nicht. Aber beim Omurawal war es genau so. Erst jetzt wird er gründlich erforscht – und zwar von dem Biologen Salvatore Cerchio und seinem Team. Er hat mir im Skype-Interview erklärt, wieso ein so großes Tier so lange im Verborgen leben konnte. Aber lest selbst, ab Seite 62.«
Verena, Heftredakteurin

03

INHALT

03 Editorial: Hallo!

06 Wundersame Wasserwelt
Taucht ein in die Welt der Ozeane und entdeckt mit uns schillernde Riffe und faszinierende Geschichte(n)

15 Startblock
Bewohner, Lebensräume, Bedrohung: Alles, was ihr über Ozeane wissen müsst

22 Super-Seeotter
Wie die flauschigen Fressmaschinen mit ihrem Riesenappetit für Artenvielfalt im Pazifik sorgen

26 Inselkinder
Mehr Meer geht nicht: Wir stellen euch fünf Mädchen und Jungen vor, die auf Inseln leben – wie die 13-jährige Emely von den Galápagos-Inseln

30 Zahlen, bitte!
Aufgeschnappt: 14 unvergessliche Fakten über Ozeane

32 Tauchfahrt ins Ungewisse
Lest von einer abenteuerlichen Reise zum tiefsten Punkt der Weltmeere: dem Marianengraben im Pazifik

38 Finstere Typen
Sie leben in absoluter Dunkelheit – wir rücken sie für euch ins rechte Licht: die kuriosesten Kreaturen der Tiefsee

42 Gute Frage
Sollte es mehr Windkraftanlagen auf See geben? Wir liefern euch die Argumente dafür und dagegen

44 Auf einer Welle
Kai, 10 Jahre alt, liebt das Surfen. Warum? Das erzählt er hier

50 Werkstatt: Quallenlampe
So schneidet, bastelt und klebt ihr euch die bunten Lichtgestalten für zu Hause

52 Spione auf hoher See
Was genau geht in den Weltmeeren eigentlich vor sich? Das versuchen Forscher mithilfe von Tausenden Bojen herauszufinden

56 Das ist ihr Job
Von der Wattführerin bis zum Krabbenfischer: drei feuchtfröhliche Berufe im Check

62 Omurawal
Sie ziehen seit Urzeiten durchs Meer. Trotzdem wurden Omurawale erst vor Kurzem entdeckt. Ein Forscher berichtet, wie ihm das gelungen ist

64 Walzettel
Vom Buckel- bis zum Schweinswal: ein Überblick über die größten aller Meeressäuger

68 Plankton
Es lässt Strände leuchten und gilt als Lebensgrundlage der Meere: Plankton. Lest, warum es so wichtig ist und woraus es eigentlich besteht

72 Test
Seid ihr Ozeanretter? Findet es heraus!

74 Verschluckt
Millionen Tonnen Plastik treiben in den Ozeanen. Tieren wie der Grünen Meeresschildkröte setzt der Müll zu. Das tun Umweltschützer, um sie zu retten

80 Extratour
Erst lesen, dann lösen: Rätselt euch auf einer Schnitzeljagd durchs Heft

82 Comic
Folge 11 der Doppel-X-Agenten: »Das Bermuda-Dreieck«. Diesmal geraten Jada, Maya und Luke selbst in Not – und bekommen unerwartete Hilfe

88 Mehr zum Thema
Passende Tipps zum Lesen, Hören, Spielen und Anschauen

90 Vorschau & Impressum

Für alle, denen dieses Heft nicht genug ist: Uns gibt es auch im Netz unter **www.geolino.de**

WUNDERSAME WASSERWELT

Als »Blauer Planet« wird die Erde oft auch bezeichnet. Kein Wunder: **Ozeane** bedecken rund zwei Drittel ihrer Oberfläche. Taucht ein in die Welt unter Wasser und lest, weshalb sie so besonders ist

Text: *Simone Müller*

FASZINATION
Rummel am Riff

Willkommen in den Megastädten der Meere: den Korallenriffen! Barsche und Barrakudas sind hier zu Hause, Schnecken und Schildkröten, Wale und Würmer – bis zu eine Million Arten! Die **Nachbarschaft** also: ziemlich bunt. Die Bebauung: dicht. Die Korallenstöcke wachsen wie gewaltige Wohnblöcke nebeneinander, manchmal über mehrere Kilometer! Die Lage: top. Riffe entstehen vor allem dort, wo die Ozeane flach, warm und lichtdurchflutet sind. Doch die **Metropolen** drohen, sich in Geisterstädte zu verwandeln: Der Klimawandel macht Korallen krank und lässt Riffe absterben.

ALTER
Wale in der Wüste

Sand, so weit das Auge reicht, die Sonne brennt, die Luft flirrt und mittendrin: ein Walskelett. Wadi al-Hitan, „Tal der Wale", heißt der Ort in Ägypten, an dem **Forscher** die Reste von mehr als 250 der Meeressäuger entdeckt haben. Vor rund 36,5 Millionen Jahren schwappte dort das Ur-Mittelmeer Thetys. Es verschwand, weil tief unter unseren Füßen gewaltige **Kräfte** wirken: Die Erdkruste, die äußere Schale des Planeten, ist in Platten zerbrochen. Diese schwimmen auf dem Erdmantel wie Flöße, driften auseinander, krachen zusammen. So entstehen neue Kontinente und Ozeane – und alte verschwinden.

LEGENDEN
Im Reich der Haie

Verloren schwebt der Käfig mit den Tauchern in den Weiten des Pazifiks vor der mexikanischen Insel Guadalupe. Um sie herum kreist ein sechs Meter langer Weißer Hai. Blutrünstig soll er sein, heimtückisch, ein menschenfressendes **Monster**. Alles Quatsch, haben Wissenschaftler inzwischen herausgefunden. Doch vieles andere in den Ozeanen gibt ihnen noch immer **Rätsel** auf; selbst der Mond ist besser erforscht als die Tiefsee. Kein Wunder also, dass sich darum so viele Legenden ranken – etwa von Riesenkalmaren, die Fischerboote zerquetschen. Oder vom Bermuda-Dreieck, in dem Schiffe spurlos verschwinden.

NUTZUNG
Fetter Fang

13,7 Kilogramm Fisch: So viel kommt hierzulande jährlich pro Kopf auf den Tisch. Ein Großteil davon – wie dieser Dorsch, der Ostseefischern ins **Netz** gegangen ist – stammt aus dem Meer. Und die Ozeane versorgen uns mit vielen weiteren lebenswichtigen Dingen: Unter dem Meeresgrund lagern Erdöl und Erdgas, mit dem wir etwa Wohnungen heizen. Und **Sand** benötigen wir, um Häuser oder Brücken zu bauen. Unternehmen schürfen Metalle wie Kobalt und Kupfer vom Meeresboden, ohne die keine Smartphones hergestellt werden könnten. Überhaupt blieben die Regale ohne Meer ziemlich leer: Rund 90 Prozent aller Waren und Rohstoffe werden auf dem Seeweg um die Welt geschippert.

BEDROHUNG
Ins Netz geraten

Es ist ein trauriger Anblick: Ein Fischernetz schnürt einem Seelöwen den Hals ab, schneidet tief in sein Fleisch. Wie er leiden auch Schildkröten, Wale und Seevögel unter dem **Plastikmüll**, der in den Meeren treibt. Rund 150 Millionen Tonnen – etwa so viel wie 800 000 ausgewachsene Blauwale – sollen es sein. Der Müll treibt in gigantischen Strudeln umher, der größte ist vermutlich rund viermal so groß wie Deutschland. Und er wird so schnell nicht verschwinden: Eine Plastikflasche etwa haben Wind und **Wellen** erst nach 450 Jahren zerrieben. (Welche weiteren Probleme die Meere und ihre Bewohner bedrohen, lest ihr ab Seite 20.)

START-BLOCK

Die wichtigsten Fakten vorweg

OZEANE

Text: *Verena Linde*

ÜBERBLICK

Als Ozeane bezeichnet man die fünf bekanntesten Meere unseres Planeten. Die drei größten sind der Pazifische, der Atlantische und der Indische Ozean. Dazu kommen der Arktische Ozean (Nordpolarmeer) rund um den Nordpol und der Südliche Ozean (Südpolarmeer), der die Antarktis umwogt. Diese fünf Ozeane bedecken zusammen mit allen anderen Meeren rund 71 Prozent unseres Planeten mit Wasser. Das meiste davon befindet sich auf der Südhalbkugel, nördlich des Äquators liegen vor allem die Landmassen.

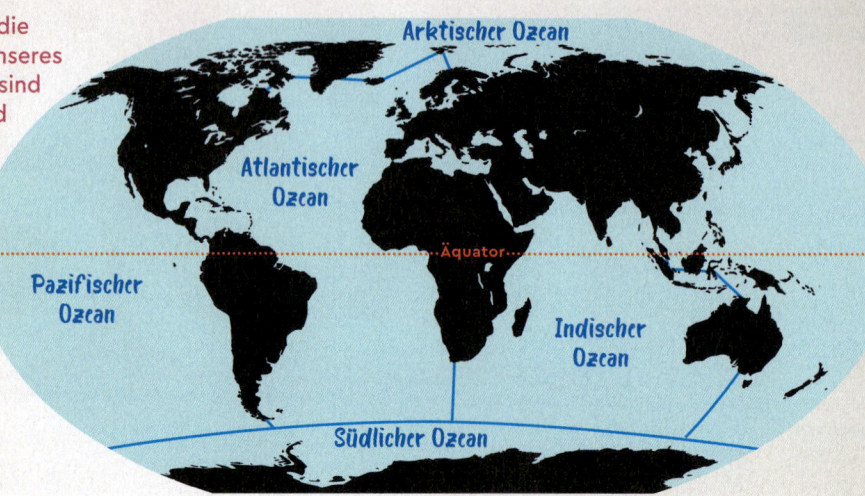

Woraus besteht Meerwasser?

Wer einmal Meerwasser geschluckt hat, weiß: Es schmeckt ziemlich salzig. Jeder Liter Meerwasser enthält im Durchschnitt 35 Gramm Salz, also 3,5 Prozent. Seitdem sich der Urozean in der frühen Erdgeschichte bildete, wird Salz aus den Gesteinen am Meeresgrund gelöst. In unseren heutigen Meeren kann der Salzgehalt sehr schwanken: In der Ostsee ist er mit 0,2 bis 2 Prozent besonders gering, weil nur wenig Austausch mit der normal salzigen Nordsee besteht und durch die Flüsse und den Regen viel Süßwasser zufließt.

Das Tote Meer, ein Binnenmeer, ist dagegen mit bis zu 33 Prozent besonders salzig. Der Salzgehalt sorgt dort für so einen starken Auftrieb, dass man im Wasser liegen kann, ohne unterzugehen. Doch das Salz in den Ozeanen bewirkt noch mehr: Es führt dazu, dass das Meerwasser erst bei etwa minus 1,9 Grad Celsius gefriert. Zum Vergleich: Süßwasser erstarrt bereits bei 0 Grad Celsius zu Eis. Neben Salzen sind verschiedene Gase im Meerwasser gelöst. Sauerstoff etwa lässt die Fische „atmen", dazu kommt Kohlendioxid, das teilweise auch als Kohlensäure gespeichert ist (dazu mehr auf Seite 21).

durchschnittlicher Salzgehalt der Ozeane	durchschnittlicher Salzgehalt der Ostsee	durchschnittlicher Salzgehalt des Toten Meeres	Salzgehalt von Nudelkochwasser
3,5 Prozent	1,1 Prozent	28 Prozent	1,5 Prozent

MEERESBEWOHNER

*Nach Schätzungen gibt es bis zu zehn Millione Tierarten auf der Erde. Sie alle lassen sich in gerade einmal 26 Stämme unterteilen, 25 davon leben auch im Meer. Alle Vertreter eines Stammes funktionieren nach demselben **Grundbauplan**. Wir stellen euch sechs davon vor*

Knochenfische

Zu ihnen gehören alle Fische außer Rochen und Haie. Knochenfische verdanken ihren Namen dem stützenden **Skelett**, über das sie verfügen. Dazu besitzen Knochenfische eine Schwimmblase (blau), die sie wie einen Ballon mit Sauerstoff füllen können, um im Wasser zu schweben. Der Verdauungstrakt (rosa) und der Blutkreislauf mit Hauptschlagader (rot) ähneln dem der Landwirbeltiere.

Krebse

Sie tragen ihr Skelett außen, als **Panzer** aus Chitin. Der Blutkreislauf (rot) ist einfach aufgebaut: Die Leibeshöhle ist mit einer blutähnlichen Flüssigkeit gefüllt, der Hämolymphe. Die Flüssigkeit wird vom Herz in Bewegung gehalten, sodass alle Organe und Gewebe im Inneren von ihr umspült und mit Sauerstoff aus den Kiemen versorgt werden. Die Verdauungsdrüse (blau) stellt Stoffe her, mit der sich die Nahrung im Verdauungstrakt (violett) verarbeiten lässt.

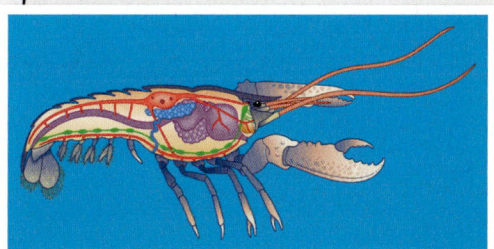

Schwämme

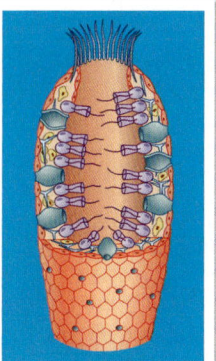

Diese Tiere besitzen keine Organe, nur spezialisierte Körper- und Geschlechtszellen. Durch die Poren (blau) der äußeren **Zellschicht** (rot) strömt Wasser mitsamt kleinteiliger Nahrung. Innen nehmen begeißelte Zellen (violett) die Nahrung auf. Anschließend entweicht das Wasser durch die Öffnung (oben).

Muscheln

Das, was ihr am Strand findet, nämlich die zwei mit einem Scharnier verbundene Klappen, sind nur die **Schalen** der Tiere. Darin befindet sich ihr Körper. Er besteht bloß aus einem Fuß ❶ und einem Eingeweidesack, der Kiemen (blau) und Verdauungsorgane (rosa) umschließt. Dazu besitzen Muscheln starke Muskeln ❷, um die Schalen zu schließen.

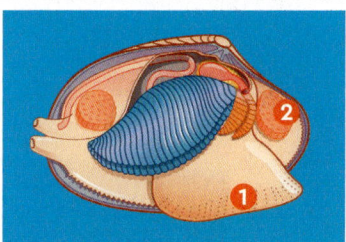

Kopffüßer

Die bekanntesten sind die Tintenfische. Ihre acht oder zehn Arme wachsen direkt um die **Mundöffnung** herum. Durch diese gelangt die Nahrung in den Verdauungstrakt (rosa). Dieser mündet in der Mantelhöhle, in der auch die Kiemen (blau) zum Atmen sitzen.

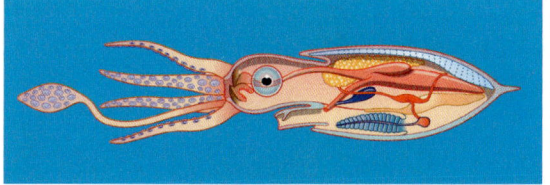

Seeigel

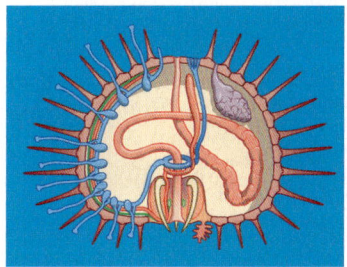

Bei ihnen steht alles kopf: Der Mund der Seeigel liegt unten am Körper, dort nehmen die Tiere ihre Nahrung direkt vom Boden auf. Das Gefressene wandert durch den **Verdauungstrakt** (rosa) und wird am oberen Ende ausgeschieden. Um von einem Ort zum anderen zu gelangen, krabbeln sie auf Füßchen und Stacheln dahin.

AUFBAU

Könnte man den Ozeanen das Wasser ablassen wie bei einer Badewanne, käme eine bergige Landschaft zum Vorschein. Besonders dort, wo Kontinentalplatten, also die beweglichen äußersten Schichten des Erdmantels, aufeinanderstoßen, furchen sich tiefe Täler in die Ozeanböden. Anderswo ragen Berge zum Teil so weit auf, dass ihre Spitzen aus dem Wasser gucken – wie bei dem Vulkan Mauna Kea. Er gilt mit 4207 Metern über dem Wasserspiegel als höchster Berg der Inselkette Hawaiiis. Zum Vergleich: Der Mount Everest in Nepal und Tibet ist 8848 Meter hoch. Würde man den Mauna Kea von seiner Basis am Meeresboden aus messen, brächte er es auf eine Höhe von 10 210 Metern und wäre damit der höchste Berg der Erde.

Tageslichtzone

Dämmerungszone

dunkle Tiefsee

Meeresrücken: Erhebung am Tiefseeboden

Tiefseebecken: Ebene, die von Meeresrücken begrenzt wird

Tiefseegraben oder -rinne: Tiefe Kerbe, die dort entsteht, wo zwei Kontinentalplatten aufeinandertreffen

LEBENSRÄUME

Obwohl es im Wasser keine Grenzen gibt, sind viele Tiere in mehr oder weniger festen Lebensräumen zu Hause. Dort haben sie sich an Temperatur, Salzgehalt, Helligkeit, **Nahrungsangebot** und ihre Nachbarschaft angepasst

Küste: Grenze zwischen Land und Meer

Meeresoberfläche
200 Meter
1000 Meter

Schelf oder Festlandsockel: Von flachem Wasser bedeckter Rand eines Kontinents

Kontinentalhang: Übergang vom Festlandsockel zur Tiefsee

11000 Meter

❶ Felsenküste

Der harte Untergrund, der bei Flut überspült wird und bei **Ebbe** trocknet, bietet vor allem Miesmuscheln, Seeigeln, Austern und Seesternen ein Zuhause.

❷ Watt

So nennt man die Flächen, die im Rhythmus der **Gezeiten** überflutet werden und trockenfallen. Im Boden aus Sand und Schlick tummeln sich unzählige Wattwürmer, Muscheln, Schnecken und etwa winzige Kieselalgen. Auf und unter einem Quadratmeter Nordseewatt leben bis zu 100 000 sichtbare kleine Wesen.

❸ Kontinentalschelf

Höchstens 200 Meter tief ist das Wasser über dem küstennahen Meeresboden, dem Kontinentalschelf. Mancherorts bildet er nur einen schmalen **Saum** um den Kontinent, an anderen Stellen einen breiten Gürtel. Die hier lebenden Kleinstlebewesen, das Plankton, locken Fische an.

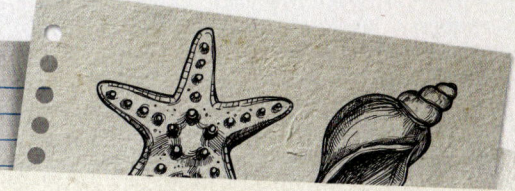

❹ Offener Ozean

Schnelle Schwimmer leben länger, das gilt besonders fern der Küsten. Fächerfische und Thunfische flitzen hier umher. Auch **Wale** ziehen durch den offenen Ozean und fressen sich an umhertreibendem Plankton satt.

❺ Korallenriff

Korallen türmen in warmen, hellen Gewässern **Kalkgebirge** auf. Darin tummeln sich geschätzt eine Million Tierarten, etwa Fische, Würmer, Schnecken und Schildkröten. Dazu schwebt Plankton im Oberflächenwasser – ein gefundenes Fressen für Mantarochen und Walhaie.

❻ Tiefsee

Wer mehr als 1000 Meter hinabtaucht, erreicht die Tiefsee. Hier herrschen totale **Finsternis**, hoher Druck, und das Wasser ist mit unter fünf Grad Celsius bitterkalt. Schließlich ist Wasser bei dieser Temperatur am schwersten, es sinkt also ab. Neben den berühmten Pottwalen und Riesenkalmaren leben allerlei kuriose Kreaturen in der Tiefsee (mehr auf Seite 38).

BEDROHUNG

*Wir Menschen ziehen jährlich zig Millionen Tonnen Fische aus den Meeren und heizen den Ozeanen durch den **Klimawandel** ein. Hier lest ihr, welche Probleme die Meere bedrohen*

Überfischung

Die Zeiten, in denen nur kleine Fischkutter ihre Netze auswarfen, sind vorbei. Seit ein paar Jahrzehnten durchkämmen schwimmende Fabriken, sogenannte Trawler, mit Schleppnetzen die Ozeane. Die Schiffe ziehen die riesigen Netze hinter sich her und sammeln alles ein, was nicht rechtzeitig entwischt. Oft auch Meerestiere, die sich zum Essen gar nicht eignen, sogenannten **Beifang**. Das Problem: Die Trawler fangen mehr Fische, als wieder heranwachsen – sie „überfischen" die Meere. Oft hängen junge, kleine Tiere in den Netzen, die noch nicht einmal geschlechtsreif sind, also noch gar nicht für Nachwuchs sorgen konnten. Dadurch sinkt die Anzahl der Fische, zuweilen sind ganze Arten und damit Ökosysteme gefährdet. Forscher schätzen, dass 30 Prozent der Fischbestände überfischt sind. Regierungen geben deshalb Fangquoten vor, also Obergrenzen für Mengen, die gefischt werden dürfen. Auf diese Weise sollen sich die Fischbestände wieder erholen. Doch auf hoher See ist es schwierig zu kontrollieren, ob sich die Fischer auch daran halten. Deshalb muss jeder Einzelne etwas tun: nur Fisch kaufen und essen, bei dem ein Siegel garantiert, dass er nachhaltig gefangen wurde.

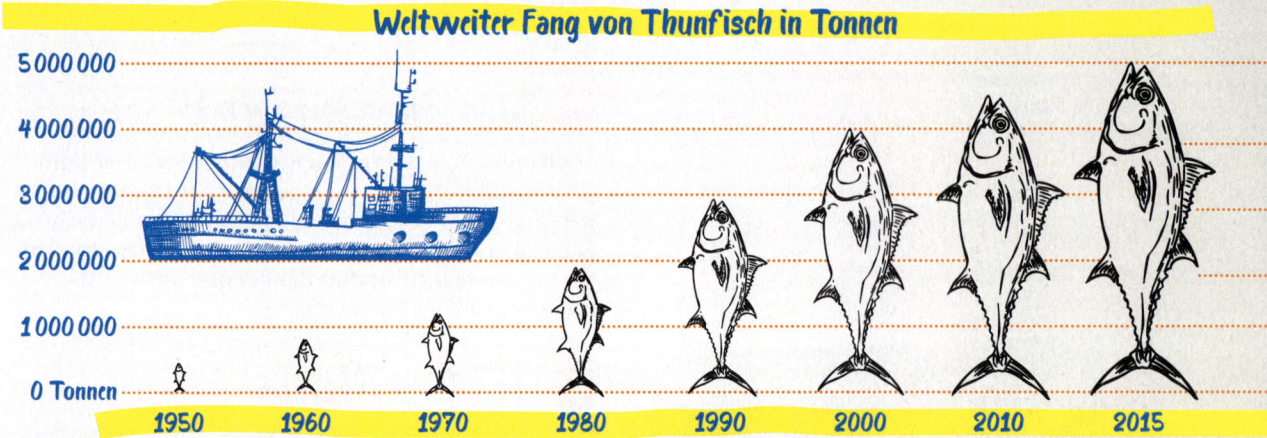

Weltweiter Fang von Thunfisch in Tonnen

Sauerstoffmangel

Wir atmen Sauerstoff aus der Luft. Fische und die meisten anderen Ozeanbewohner nehmen das Gas aus dem Wasser auf. Nur: In den Weltmeeren ist immer weniger davon enthalten. Das liegt daran, dass das Wasser immer wärmer wird: Je höher die Temperaturen sind, desto weniger Sauerstoff löst sich darin. Hinzu kommt, dass sich das Oberflächenwasser immer weniger mit den tieferen Schichten durchmischt – und dort kaum noch Sauerstoff ankommt. Zonen, in denen fast gar kein Sauerstoff mehr vorhanden ist, weiten sich immer mehr aus. Forscher sprechen von **Todeszonen** (in der Karte rechts: rot). Sie sind etwa im Indischen Ozean, im Golf von Mexiko, im Schwarzen Meer und bei uns in der Ostsee zu finden.

Quelle: GEOMAR

Sauerstoffgehalt: 0 → 4,7 mg Sauerstoff/l Wasser

Erwärmung

Mit dem Klimawandel heizt sich unser Planet auf, erst im vergangenen Jahr gab es einen neuen Hitzerekord. 90 Prozent der zusätzlichen Wärme schlucken unsere Ozeane. Damit verlangsamen sie zwar erst einmal die globale Erwärmung, aber im Lebensraum Wasser leiden Tiere und Pflanzen: Die Wärme lässt **Korallen** sterben und sorgt dafür, dass das Meer weniger Sauerstoff aufnehmen kann, den die Bewohner zum Leben brauchen.

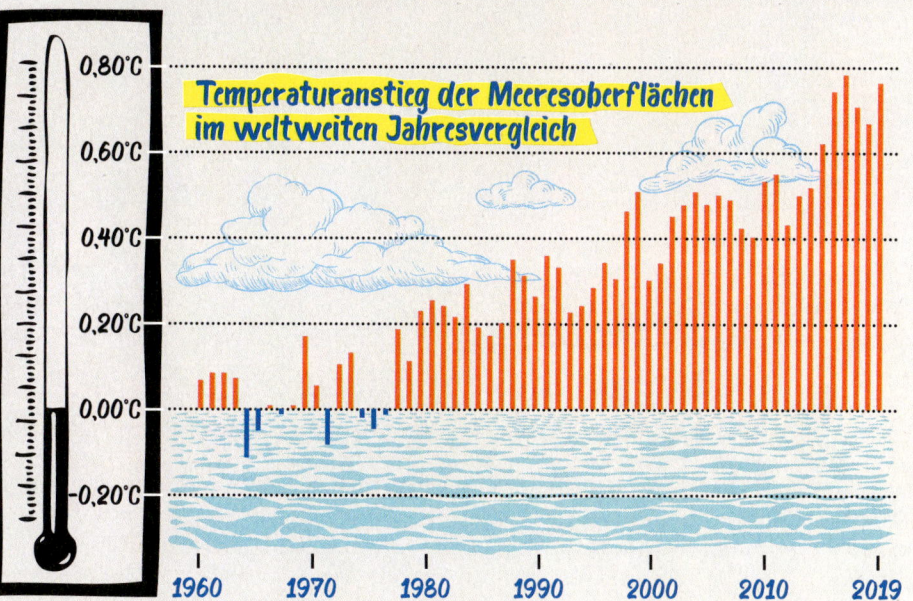

Temperaturanstieg der Meeresoberflächen im weltweiten Jahresvergleich

Ozeanversauerung

Die ganze Welt spricht davon: Wir stoßen zu viel des Gases Kohlendioxid (CO_2) aus und treiben so den Klimawandel voran. Doch nicht nur in der Luft richtet das CO_2 Schaden an: Ein gutes Drittel davon landet in den Ozeanen, die das Gas speichern. Dort reagiert es mit dem Wasser und bildet Kohlensäure. Wie ihr Name schon sagt, macht sie das Meer saurer – und das hat Folgen. Für Tiere wie Korallen, Muscheln und Schnecken, aber auch viele Kleinstlebewesen wird es unter diesen Bedingungen immer schwieriger, Kalk für die **Schneckenhäuser**, Muschelschalen oder Koarallenstöcke zu bilden. Schlimmstenfalls werden diese brüchig, verlieren ihre Funktion, und die Tiere sterben. Insbesondere dem Fischnachwuchs fehlt es dann an Nahrung. Und noch etwas ändert sich durch die Ozeanversauerung: Es wird unter Wasser lauter. Der Schall, den etwa Brandungswellen oder Schiffsmotoren aussenden, wird zum Teil durch im Meerwasser gelöste natürliche Mineralien geschluckt. Lösen sich Mineralien durch die Versauerung anders als bisher, dämpft das Wasser Geräusche viel schlechter. Die Folge: Wale zum Beispiel können viel schwieriger miteinander kommunizieren.

Plastikmüll

Jahr für Jahr produzieren wir Menschen mehr Müll, und der landet tonnenweise im Meer. Drei Viertel davon bestehen aus Verpackungen, Tüten, Trinkhalmen, Fischernetzen und anderen Plastikprodukten. Forscher haben nachgezählt: Bis zu 46 000 Teile treiben auf einem Quadratkilometer Meeresoberfläche. Doch vermutlich bildet dieser aus der Luft sichtbare Müll nur einen Bruchteil des gesamten Abfalls. Denn mit der Zeit sinkt der Kunststoff ab und landet auf dem Meeresboden. Dabei zerfällt er zu kleinen Teilen, die in den Mägen der Tiere landen. Neun **Seevögel** von zehn haben Plastik in ihren Mägen. Manche sogar so viel, dass kein Platz mehr für Nahrung ist und sie verhungern. Delfine und Schildkröten etwa verheddern sich zudem in größeren Plastikteilen, können sich nicht mehr bewegen und sterben. Letztendlich landet auch ein Teil des Mülls wieder bei uns: Sobald wir Fische oder Krabben essen, verspeisen wir kleinste Plastikteilchen, sogenanntes Mikroplastik, das diese mit ihrer Nahrung aufgenommen haben.

Super-Seeotter

Unser Experte
James Estes

Wo Seeotter zu Hause sind, ist immer was los: Mit ihrem Riesenappetit auf Seeigel sorgen sie für **Vielfalt** in den Meeren. Wie das geht? Das hat der US-amerikanische Forscher James Estes herausgefunden

Text: *Simone Müller*

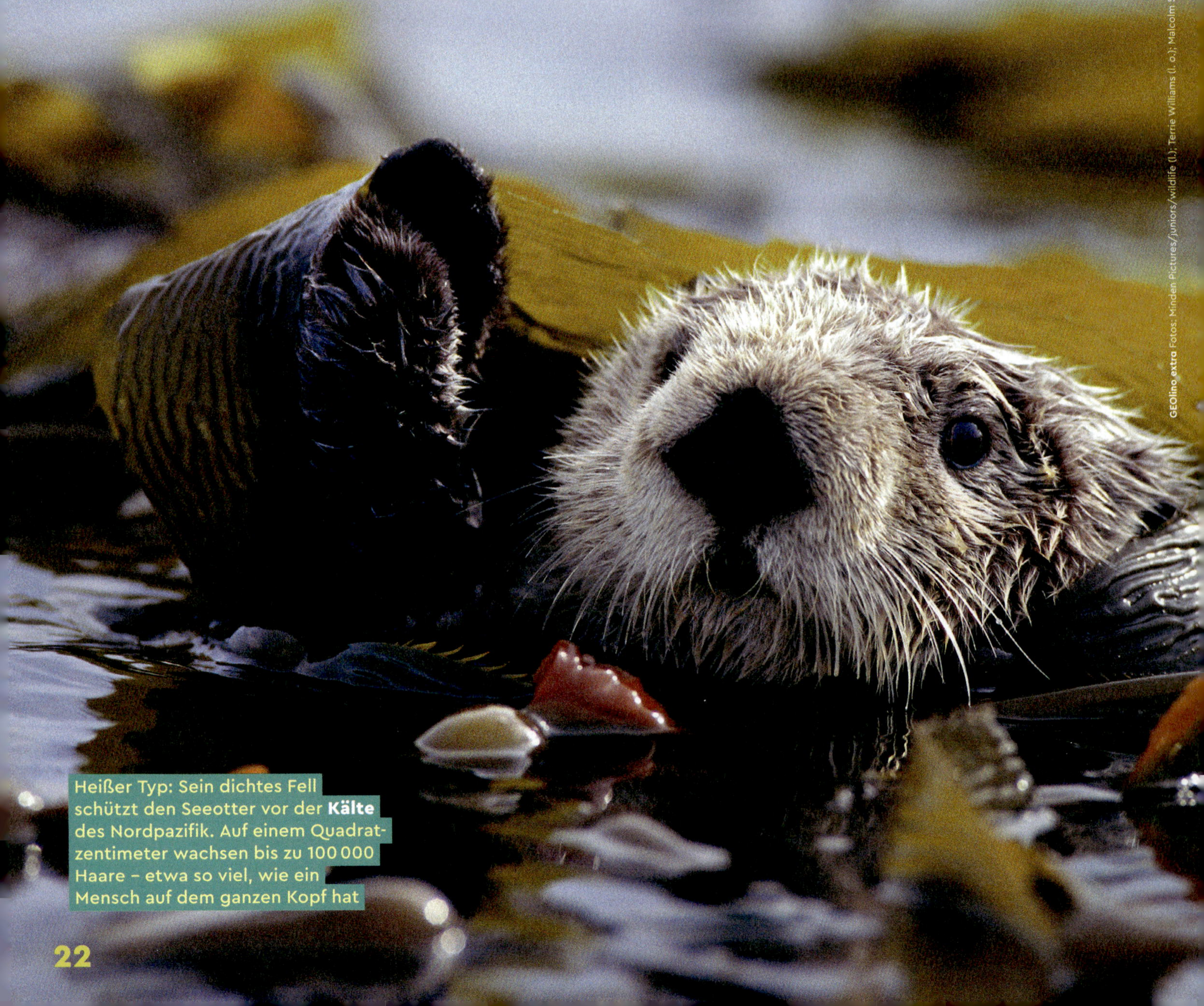

Heißer Typ: Sein dichtes Fell schützt den Seeotter vor der **Kälte** des Nordpazifik. Auf einem Quadratzentimeter wachsen bis zu 100 000 Haare – etwa so viel, wie ein Mensch auf dem ganzen Kopf hat

Entspannt schaukelt der Seeotter in den Wellen des Pazifiks, keine 20 Meter vom Ufer entfernt. „Ich erinnere mich noch lebhaft an den ersten Seeotter, den ich jemals gesehen habe", erzählt James Estes, heute 74 Jahre alt. „Noch immer fasziniert mich, dass diese Tiere einen so enormen Einfluss auf den gesamten Lebensraum vor der Küste haben." Das herauszufinden und zu beweisen hat den Biologen Jahrzehnte gekostet.

Im Oktober 1970 reist er zum ersten Mal auf die Aleuten, eine Inselkette im Nordpazifik, die vom US-Bundesstaat Alaska bis nach Russland reicht. Zunächst verschlägt es ihn auf die unbewohnte Insel Amchitka – ein schroffer Fetzen Land, über den die Wellen mit Wucht hereinbrechen.

Auf Amchitka soll James Estes untersuchen, wie viele Seeotter es dort überhaupt gibt. Viel weiß er über die Art noch nicht. Nur, dass sie bis Anfang des Jahrhunderts nahezu ausgerottet wurde. Ihr dichter Pelz war begehrt, Jäger töteten mehr als 800 000 Tiere. Im Jahr 1911 wurden Seeotter unter Schutz gestellt – gerade noch rechtzeitig. Auf den Aleuten überlebten drei Kolonien, eine davon auf Amchitka. Als James Estes 1970 dort ankommt, tummeln sich wieder reichlich Tiere vor der Küste.

Der Biologe beginnt, die Seeotter in ihrem Lebensraum zu beobachten: den Kelpwäldern. Wie Bäume an Land wachsen dort riesige Braunalgen vom Meeresgrund bis zur Wasseroberfläche empor. Krebse, Muscheln und Schnecken fressen sich an ihnen satt und locken Makrelen, Riffbarsche oder Rochen an. Weil dort so viele Arten heimisch sind, gelten Kelpwälder als Regenwälder der Meere.

Vom Strand aus blickt James Estes durch ein Fernglas und zählt die Seeotter. Außerdem hält er fest, was sie fressen: Muscheln, Schnecken, Fische und besonders gern – Seeigel, in rauen Mengen!

1971 erkundet er erstmals die Insel Shemya, weiter westlich gelegen. Dorthin sind die Seeotter noch nicht zurückgekehrt. Am zweiten Tag nach seiner Ankunft zwängt sich James Estes in ▶

Der Hammer! Seeotter knacken **Muscheln** mit den Zähnen – oder sie legen sich auf den Bauch und schlagen mit einem Stein darauf

Otter beim Hamstern: Am Grund sammeln die Tiere **Seeigel** (oben) und verstauen sie in den Falten ihres Fells. Dann tauchen sie zurück zur **Oberfläche** (großes Foto)

Vor dem Schlafen wickeln sich Seeotter oft in Kelpalgen ein, die am Meeresboden verankert sind. So kann sie die **Strömung** nicht aufs offene Meer treiben

Der Otter macht den Unterschied: Wo die Meeressäuger leben, sprießen Kelpwälder aus **Braunalgen** (großes Foto). In diesen sind unzählige andere Arten zu Hause. Fehlen die Seeotter jedoch, fallen **Seeigel** über den Kelp her und fressen ihn kahl (oben)

seinen Neoprenanzug, schnallt die Pressluftflasche auf den Rücken und schwimmt vom Ufer aus hinaus aufs Meer. Schnell fällt ihm auf, dass dort kein Kelp sprießt. Dafür erblickt er auf dem Grund unzählige, riesige Seeigel. „Ich konnte es kaum fassen!", erinnert er sich. Seine Gedanken rasen. Keine Otter, viele Seeigel, kein Kelp, kaum Fische und andere Arten: Was, wenn es da einen Zusammenhang gibt? Schließlich fressen Seeigel Kelp. Und Otter fressen Seeigel.

Gemeinsam mit einem Kollegen beginnt James Estes, die Seeigel zu zählen. Die Tauchgänge zehren an ihren Kräften, länger als zwei Stunden halten es die Männer im kalten Wasser kaum aus. Doch die Ergebnisse scheinen Estes' Theorie zu untermauern: Wo es keine Seeotter gibt, vermehren sich Seeigel enorm und fressen die Kelpwälder kahl – weshalb es weniger Fische und andere Arten gibt. Viele seiner erfahrenen Kollegen wollen das damals nicht glauben.

Doch James Estes lässt nicht locker. Wenn die Seeotter auch an Orte zurückkehren, wo sie bislang fehlen, müssten früher oder später auch die Kelpwälder wieder sprießen, überlegt er. Rund 20 Sommer lang kampiert er auf verschiedenen Aleuten-Inseln, steigt Morgen für Morgen in seinen klammen Neoprenanzug, zählt immer wieder Kelpalgen, Seeigel und Otter. Und stellt fest: Die Otter-Population wächst rasant, während die Seeigel weniger werden. Jetzt muss es bald auch wieder mehr Kelp geben, glaubt James Estes.

Doch Mitte der 1990er-Jahre verschwinden die Seeotter, zu Hunderten. Viel später wird klar, weshalb: Sie wurden von Orcas erbeutet. War nun die Arbeit der vergangenen Jahrzehnte umsonst?

James Estes hat eine Idee: Er besucht wieder die Inseln, vor deren Küste bis vor Kurzem zahlreiche Seeotter lebten. Und findet stattdessen tatsächlich riesige Mengen Seeigel, die die Kelpwälder niedermähen. Damit ist seine Theorie bewiesen: Wenn die Seeotter fehlen, steht das Ökosystem kopf!

Wie sehr, zeigen bald Untersuchungen von anderen Forschern. Sie finden etwa heraus, dass Bering-Möwen ihre Ernährung komplett umstellen: Eigentlich fressen sie bevorzugt Fisch. Doch wo es ohne Otter und Kelpwälder auch weniger Fische gibt, müssen sie nach Muscheln, Schnecken oder Seeigeln picken und mühsam deren Schalen knacken. Auch der Einfluss der Gezeiten auf die Küste ändert sich: Ohne Otter brechen Wellen bei einem Sturm heftiger über die Küste herein – weil eben der Kelp fehlt, der die Wassermassen abbremst.

Gemeinsam mit jungen Kollegen konnte James Estes vor einigen Jahren sogar einen Zusammenhang zwischen Kelp, Seeottern und dem Klima beweisen: Die Riesenalgen nehmen wie fast alle Pflanzen klimaschädliches Kohlendioxid (CO_2) auf, um daraus mithilfe von Licht und Wasser Zucker zu erzeugen und zu wachsen. Bis zu 43 Millionen Tonnen weniger CO_2 wären es in einer Welt ohne Seeotter. Das ist immerhin etwa so viel, wie die deutschen Wälder jährlich aufnehmen.

Gründe gibt es also genug, die Seeotter zu schützen. Auch James Estes findet: „Es ist wichtig, ein gesundes Ökosystem mit all seinen ursprünglichen Arten zu bewahren und es nicht aus dem Gleichgewicht zu bringen." ∎

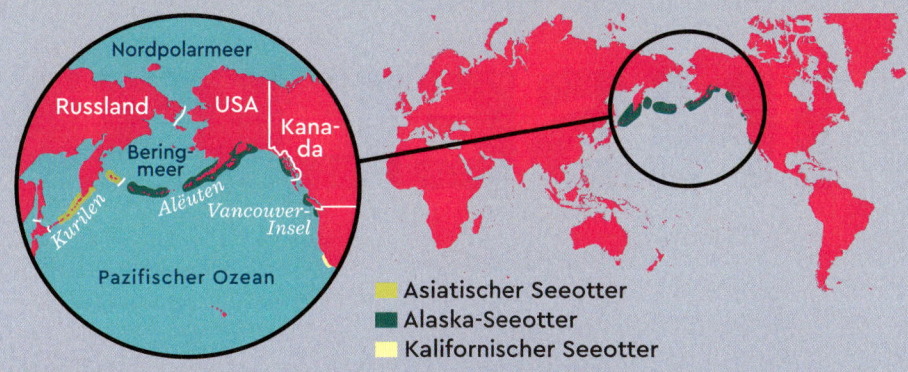

- Asiatischer Seeotter
- Alaska-Seeotter
- Kalifornischer Seeotter

STECKBRIEF:
Seeotter

Allgemein: Seeotter, wissenschaftlich *Enhydra lutris*, gehören zur Familie der Marder. Die drei Unterarten sind im Nordpazifik von der US-Westküste bis nach Japan verbreitet.

Größe und Gewicht: Von der Schnauze bis zur Schwanzspitze messen männliche Seeotter bis zu 150 Zentimeter und wiegen dabei bis zu 40 Kilogramm. Weibchen sind etwas kleiner.

Nahrung: Seeotter tauchen vor allem nach Seeigeln, aber auch nach Seesternen, Muscheln und Fischen. Diese verputzen sie rücklings treibend an der Wasseroberfläche.

Nachwuchs: Die Säuger paaren sich meist im Sommer und Herbst. Nach sechs bis neun Monaten bringt das Weibchen ein Junges zur Welt.

Treibt gut: **Seeotter-Junge** können noch nicht aktiv schwimmen. Ihr flaumiges Fell sorgt aber wie eine Schwimmweste dafür, dass sie nicht untergehen

INSELKINDER

Diese fünf Mädchen und Jungen kommen aus den verschiedensten Ecken der Erde und haben doch eines gemeinsam: Ihr Alltag wird von Wind und Wellen bestimmt, weil sie auf Inseln zu Hause sind. Hier lest ihr, wie sich ihr Leben von dem auf dem Festland unterscheidet
Texte: **Sarah Marquardt, Simone Müller, Antje Wewer**

INSELSTECKBRIEF:
Sansibar
Gehört zu: Tansania
Liegt im: Indischen Ozean
Größe: 2654 Quadratkilometer, dreimal so groß wie Berlin
Einwohner: 1,6 Millionen

Gefangen

Bei Hassan auf Sansibar, 11 Jahre, kommt Tintenfisch frisch auf den Tisch

„Am liebsten esse ich Tintenfisch", sagt Hassan und lacht. Gerade hält der Elfjährige wieder einen Fang in den Händen – frisch aus dem türkisblauen Meer direkt vor seiner Haustür. Zusammen mit seinen Eltern und Geschwistern lebt er in Jambiani auf der Insel Sansibar. Die liegt vor der Küste des afrikanischen Landes Tansania mitten im Indischen Ozean. Hassans Vater ist Fischer und besitzt ein schmales **Segelboot**, auf Sansibar *ngalawa* genannt. Wo das Meer tiefer ist, taucht Hassans Vater nach Tintenfischen, scheucht sie mit einem Stock aus ihren Steinhöhlen und packt zu. Anschließend bringt er seine Beute an den Strand zu Hassan. Der Junge bereitet den Fang für das Essen vor: Damit der Kraken später nicht so zäh ist, schlägt Hassan ihn weich und wäscht ihm den Sand von Kopf und Fangarmen. Dann kann gekocht werden, zum Beispiel „Pweza wa nazi", ein Gericht mit Curry, Kokosnuss, Reis und natürlich – Tintenfisch.

INSELSTECKBRIEF:
Floreana

Gehört zu: den Galápagos-Inseln und damit zu Ecuador
Liegt im: Pazifik
Größe: 173 Quadratkilometer, Berlin ist mehr als fünfmal größer
Einwohner: 145

»Ich werde alles an Floreana vermissen«

Auf den Galápagos-Inseln taucht Emely, 13 Jahre alt, regelmäßig ab

GEOlino extra: Floreana liegt mehr als 1000 Kilometer von Ecuador entfernt, mitten im Pazifik. Wie ist es, dort zu leben?
Emely: Es ist einfach entspannt, wird aber trotzdem nicht langweilig. Einmal im Monat kommt ein Boot und versorgt uns mit allem Nötigen. Gemüse und Obst baut meine Familie oben im Hochland selbst an.

Was machst du in deiner Freizeit?
Ich helfe oft meiner Mutter in ihrem Restaurant, vor allem, wenn große Touristengruppen kommen. Und nach den Hausaufgaben gehe ich mit meiner besten Freundin Odalis an den Strand, zum Schwimmen oder Schnorcheln.

Möchtest du immer auf Floreana leben?
Eigentlich schon. Aber in ein paar Tagen muss ich die Insel verlassen, um die Schule zu beenden. Meine Großmutter wohnt in Santo Domingo auf dem Festland, bei ihr werde ich wohnen. Nach der Schule bleibe ich noch zum Studieren dort. Aber dann komme ich zurück.

Kannst du dir ein Leben ohne den Ozean überhaupt vorstellen?
Nein! Hier kann ich schnorcheln gehen, sehe so viele verschiedene Fische. Auf dem Festland geht das nicht. Ich werde alles an Floreana vermissen, meine Mutter, meine Freunde, Odalis, auch mein Ferkel oben im Hochland.

INSELSTECKBRIEF:
Nordstrandischmoor

Gehört zu: Deutschland
Liegt in: der Nordsee
Größe: 1,9 Quadratkilometer, es würde 470-mal in Berlin hineinpassen
Einwohner: 24

»Meine Familie lebt seit mehr als 300 Jahren hier«

Auf Nordstrandischmoor bereiten sich der 14-jährige Kjell und seine Familie auf den steigenden Meeresspiegel vor

GEOlino extra: Was hast du bis gerade eben gemacht?
Kjell: Ich war draußen und habe unsere Schafe gefüttert. Meine Familie hat einen Bauernhof, da helfe ich mit, sooft ich kann.

Wie verbringst du deine Freizeit?
Ich spiele mit meinen Geschwistern oder gehe im Sommer nachmittags schwimmen. Es gibt hier nur noch drei Kinder, die ungefähr in meinem Alter sind. Alles Mädchen, mit denen habe ich nicht so viel zu tun. Meine Freunde wohnen auf dem Festland. Wenn ich sie besuchen will, muss ich das gut einplanen.

Wie kommst du denn zu ihnen?
Wir haben eine Bahnstrecke auf einem Steindamm und eine selbst gebaute Lore, eine Art Mini-Zug. Ein Tag auf dem Festland ist ganz nett, aber das reicht dann. Viele Menschen auf einmal kann ich nämlich nicht ab.

Wie lange lebt deine Familie schon auf Nordstrandischmoor?
Seit mehr als 300 Jahren. Seit vergangenem Sommer bauen wir eine neue Warft. So nennt man die Hügel, die wir aufschütten, um unsere Häuser darauf zu bauen. Wenn bei Sturmflut der Wasserspiegel steigt, gehen wir mit unseren Tieren auf die Warft. Bei einem schlimmem „Landunter" gucken dann nur noch die Ställe und die Häuser aus der Nordsee raus.

Und warum müsst ihr eine neue Warft bauen?
Weil der Meeresspiegel durch den Klimawandel ansteigt. Wir sind davon sehr betroffen. Die neue Warft ist deshalb höher als die alte. Wenn sie gesackt ist, bauen wir einen neuen Stall und ein neues Haus darauf.

4

INSELSTECKBRIEF:
Fogo Island

Gehört zu: Kanada
Liegt im: Atlantik
Größe: 238 Quadratkilometer, ein gutes Viertel von Berlin
Einwohner: 2153

»Ich würde so gerne reiten!«

Wenn Ingrid, 10 Jahre alt, zu Hause auf Fogo Island aus dem Fenster schaut, schwimmen Eisschollen vorbei – und Wale

„Ich wohne mit meinen Eltern und meinen beiden Brüdern in Fogo auf Fogo Island, einer kanadischen Insel. Unser Holzhaus steht direkt am Meer. Einen Schlüssel haben wir nicht, unsere Tür ist nie abgeschlossen. Direkt vor meinem Zuhause treiben täglich Eisschollen vorbei, sie erinnern mich an auseinandergepflückte Marshmallows. Selbst im Sommer ist der Atlantik nur zehn Grad Celsius warm – zu kalt zum Baden! Schwimmen habe ich im Pool meiner Großeltern auf dem Festland gelernt, die besuchen wir einmal im Jahr. Auf Fogo Island gibt es kein Schwimmbad und leider auch keine Pferde. Dabei würde ich so gerne reiten! Früher haben die Leute auf der Insel vom Kabeljaufischen gelebt. Dann gab es eine große Krise, weil das Meer leer gefischt war. Heute werden Schneekrabben und Hummer gefangen. In manchen Sommerwochen essen wir fast jeden Tag Krabben. Und ab Juni kann man Wale beobachten! Wenn sie in der Nähe der Küste sind, kann ich sogar ihre Wasserfontänen sprühen sehen."

Auf Sand gebaut

Sabyia, 17 Jahre alt, kämpft auf Manpura Island gegen den Klimawandel

5

Wenn Sabiya in ihrem Zimmer sitzt, kann sie die Wellen hören. Das war früher nicht so, da war das Wasser noch weit weg von ihrem Zuhause. Mit ihrer Mutter lebt die 17-Jährige auf Manpura Island. Die Insel liegt im Golf von Bengalen, einem Teil des Indischen Ozeans. Dort, wo der Fluss Meghna ins Meer mündet. Auch hier lässt der Klimawandel den Meeresspiegel steigen. Außerdem sorgt er für immer heftigere Regenfälle, die den Fluss anschwellen lassen – bis er Teile des Landes fortspült und oft auch die Häuser, die dort stehen. „Wir leben an einer relativ sicheren Stelle", sagt Sabiya. „Trotzdem belastet es mich, wenn ich sehe, wie andere Familien leiden." Doch Sabiya will nicht einfach zusehen, wie ihre Heimatinsel verschwindet. Seit vier Jahren besucht sie im Namen der Organisation Coast Trust Schulen, um Mädchen und Jungen über den Klimawandel aufzuklären. Außerdem tauscht sie mit ihnen Ideen aus, wie sie ihn gemeinsam bekämpfen könnten. Die Arbeit ist ihr wichtig. „Ich liebe die frische Luft, das Zwitschern der Vögel", sagt sie. „Ich glaube nicht, dass ich irgendwo anders so ein Leben finden könnte."

INSELSTECKBRIEF:
Manpura Island

Gehört zu: Bangladesch
Liegt im: Golf von Bengalen
Größe: 373 Quadratkilometer, etwa halb so groß wie Berlin
Einwohner: 77 000

Zahlen, bitte!

89 Arten werden in der **Ordnung** der Wale unterschieden. Die allermeisten davon leben im Meer. Nur die Gruppe der Flussdelfine passte sich in Südamerika und Asien an das Leben im Süßwasser an.

100 000 000 Heringe versammeln sich bisweilen zu einem **Schwarm**. Das sind deutlich mehr Tiere auf einem Haufen, als Deutschland Einwohner hat.

110 Kilometer pro Stunde erreichen Fächerfische bei der **Jagd**. Damit sind sie die wohl schnellsten Fische der Welt.

4,6 Milliarden **Genbausteine**, sogenannte Basenpaare, besitzt der Weiße Hai. Das Erbgut des Menschen besteht nur aus drei Milliarden.

1 Prozent der Meere steht vollständig unter **Schutz** – etwa vor Fischerei, Bohrinseln und dem Schiffsverkehr. An Land sind immerhin mehr als zehn Prozent der Fläche besonders geschützt.

36 Meter dick wäre die Schicht aus **Salz**, würde man alles Salz aus dem Wasser der Ozeane entnehmen, trocknen und damit die Erdkugel bedecken.

3730 Meter sind die Weltmeere tief – im Durchschnitt. Das entspricht mehr als elf aufeinandergestapelten Eiffeltürmen, die vom **Ozeangrund** bis zur Wasseroberfläche reichen.

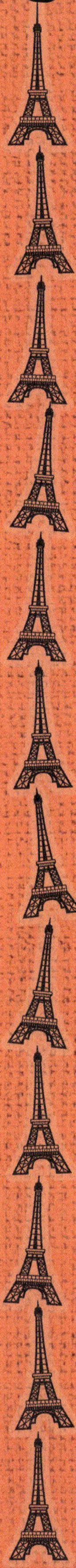

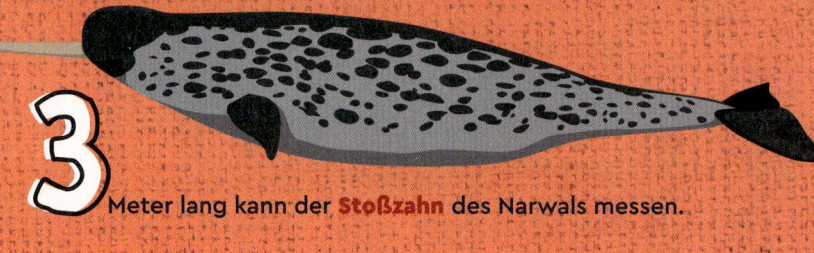

3 Meter lang kann der **Stoßzahn** des Narwals messen.

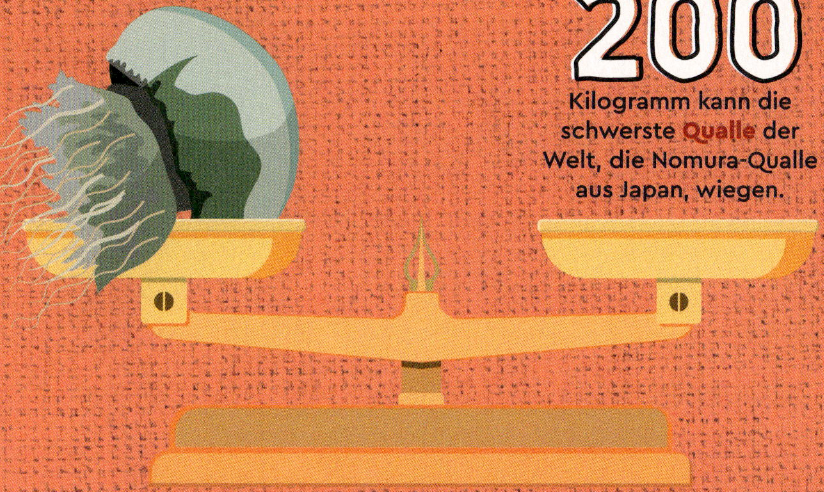

200 Kilogramm kann die schwerste **Qualle** der Welt, die Nomura-Qualle aus Japan, wiegen.

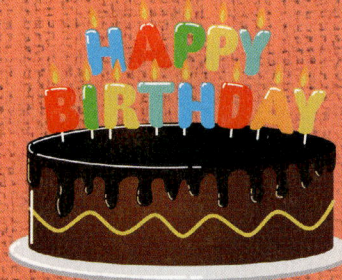

400 Jahre alt können **Grönlandhaie** ungefähr werden. Tiere, die heute umherstreifen, haben womöglich schon gelebt, als die Europäer um 1600 anfingen, Nordamerika dauerhaft zu besiedeln.

0 Mal verlassen **Röhrenaale** ihren Standort, die Seegraswiesen in tropischen Gewässern. Sie sind die einzigen sesshaften Fische.

Minus **1,9** Grad Celsius muss es kalt werden, damit Meerwasser zu **Eis** gefriert.

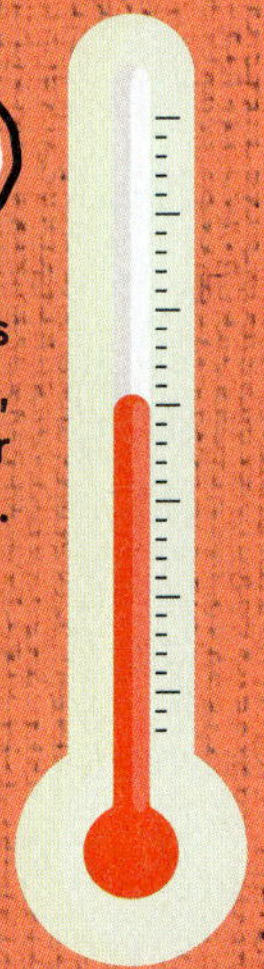

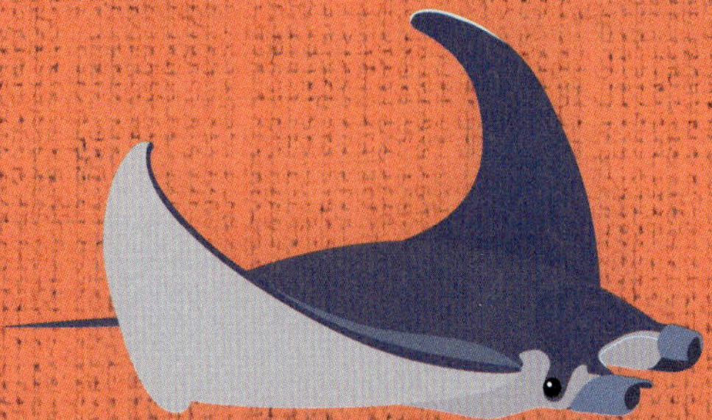

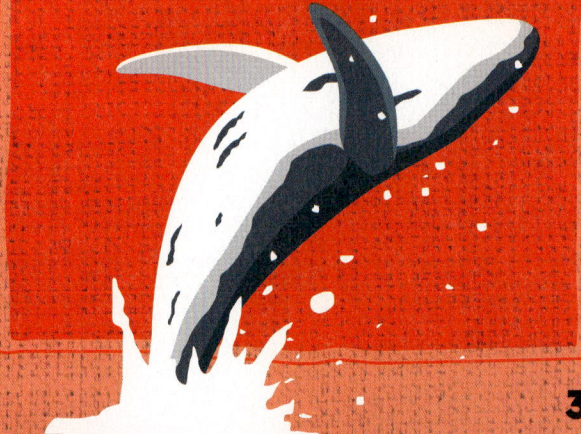

7 Meter Spannweite und ein Gewicht von zwei Tonnen erreichen Riesenmantas. Die **Riesenrochen** ernähren sich an der Wasseroberfläche von Plankton, tauchen zur Jagd auf Fische aber auch bis in die Tiefsee ab.

GUTE NACHRICHT

25 000 **Buckelwale** schwimmen wieder im Südwestatlantik. Für Forscher ein Grund zu feiern! Walfänger hatten die Art nämlich nahezu ausgerottet. Nun zählen sie wieder so viele Tiere, dass Buckelwale nicht mehr als gefährdet gelten.

GEOlino extra Illustrationen: shutterstock

Tauchfahrt ins Ungewisse

10 916 Meter, bis auf den Grund des Marianengrabens – so tief wollen der Schweizer **Jacques Piccard** und der US-Amerikaner Don Walsh vor 60 Jahren in den Pazifik hinabtauchen. Kein Mensch hat das vor ihnen gewagt. Hier lest ihr von ihrer abenteuerlichen Reise in die Tiefsee

Text: *Patrick Blume*   Illustration: *Simon Schwartz*

Auf dem Meer geht es hoch her: An einem stürmischen Januartag 1960 brechen **Jacques Piccard** und Don Walsh auf zu ihrer Rekordtauchfahrt

Mehr als 10 Kilometer unter der Meeresoberfläche hat Jacques Piccard einen seltsamen Gedanken: „Vielleicht haben wir den Grund verfehlt!" Seit über vier Stunden zwängt er sich mit seinem Copiloten Don Walsh in die winzige Kabine des Tauchbootes „Trieste". Schon lange haben die Wassermassen über ihnen das Sonnenlicht verschluckt, es herrscht völlige Dunkelheit. Ihren Berechnungen zufolge müssten sie ihr Ziel schon längst erreicht haben: den Grund des Marianengrabens, die tiefste bis dahin bekannte Stelle in den Weltmeeren. Sie liegt rund 2000 Kilometer östlich der Philippinen im Pazifik.

Es ist der 23. Januar des Jahres 1960. Noch nie zuvor ist ein Mensch derart weit in die Tiefsee vorgedrungen. Bis zu welcher Tiefe gibt es Leben? Wie sieht es aus? Auf solche Fragen wollen der Schweizer Jacques Piccard und der US-Amerikaner Don Walsh Antworten liefern. Doch vor allem wollen sie zeigen, dass es möglich ist, so tief zu tauchen. Bezahlt wird die Mission von den USA.

Viele Jahre hatte Jacques Piccard zusammen mit seinem Vater Auguste an der Trieste getüftelt. Das Tauchboot besteht aus einem 18 Meter langen Rumpf, der für den Auf- und Abtrieb sorgt. Darunter hängt eine kugelförmige Kabine mit einem Außendurchmesser von gerade einmal zwei Metern. Darin stecken die Steuerinstrumente und Anzeigen – und eben die beiden Passagiere. In dem ▶

Der **Marianengraben** liegt mitten im Pazifik, östlich der Philippinen. Mit bis zu 11 000 Meter Tiefe gilt er als tiefste Stelle der Weltmeere

engen Raum kann der hochgewachsene Jacques Piccard nur gebückt stehen. Damit die Kugel dem enormen Druck der Wassermassen standhält, ist sie aus zwölf Zentimeter dickem Stahl geschmiedet: In rund elf Kilometer Tiefe wird auf jedem Quadratzentimeter das Gewicht eines Kleinwagens lasten, mehr als eine Tonne. Aus eigenem Antrieb kann das Tauchboot nicht fahren, es wird von einem Begleitschiff hinaus auf den Pazifik geschleppt.

Im Morgengrauen des 23. Januar 1960 startet schließlich der Rekordtauchgang. Bevor es losgeht, überprüft die Besatzung noch die Wassertiefe: An der Wasseroberfläche zündet sie Dynamit und stoppt die Zeit, bis das Echo der Explosion vom Meeresgrund zurückgeworfen wird. 14 Sekunden. Weil bekannt ist, wie schnell sich Schall in Wasser ausbreitet, lässt sich so die Tiefe bestimmen: 10 840 Meter.

Jacques Piccard und Don Walsh kämpfen sich mit Booten und ein paar Begleitern durch die Wellen zur Trieste und klettern hinein, völlig durchnässt. Die Einstiegsluke wird von außen verschlossen. Um 8.23 Uhr verschwindet das Tauchboot von der aufgewühlten Meeresoberfläche. Sofort hört das Schaukeln auf und es wird ruhig in der Kabine. Wie in einem Aufzug – und etwa genauso schnell – sinkt die Trieste hinab. Computer, die bei der Navigation in der Tiefe helfen könnten, gibt es damals noch nicht. Jacques Piccard steuert die

Tiefe Einblicke: Um 13.06 Uhr erreichen die Abenteurer den Meeresgrund – und stoßen dort tatsächlich auf **Leben**! Vor ihrer Sichtluke huschen eine rote Garnele, ein großer Plattfisch und eine Qualle vorbei

Trieste per Hand: Mithilfe einer Druckanzeige und seiner Armbanduhr berechnet er immer wieder die Sinkgeschwindigkeit und korrigiert sie, wenn nötig.

Ab 11.30 Uhr und einer Tiefe von mehr als acht Kilometern beginnt er die Fahrt abzubremsen, so steht es in seinen Aufzeichnungen. Die Stimmung im Tauchboot ist angespannt. Was, wenn die Trieste zu nah an den Rand des Marianengrabens gerät und eine Klippe rammt? Was, wenn der Meeresgrund aus weichem Schlick besteht und sie bei einer allzu schwungvollen „Landung" darin stecken bleibt?

Um 12.56 Uhr reißt Don Walsh Jacques Piccard aus seinen Gedanken: „Er ist da, Jacques. Es sieht aus, als hätten wir ihn gefunden!" Tatsächlich: Das Echolot, ein Messgerät, das den Bereich direkt unter der Trieste überwacht, zeigt nun endlich etwas an. Nur 77 Meter sind es noch bis zum Grund. Jacques Piccard bremst die Fahrt weiter ab, Don Walsh gibt ihm regelmäßig den Abstand durch: Noch 66 Meter ... 44 ... elf ... 5,5 Meter ... geschafft!

Um 13.06 Uhr setzt die Trieste sanft auf dem festen, flachen Boden auf – in 10 916 Meter Tiefe. Die Wassertemperatur beträgt 2,4 Grad Celsius, aus dem kleinen Fenster erkennen die beiden Piloten den Meeresgrund, der im Licht der Scheinwerfer wie heller Zimt aussieht. Eine rote Garnele huscht vorbei. Es gibt also Leben hier unten! Trotz der ewigen Dunkelheit, trotz bitterer Kälte, trotz des enormen ▶

Abtauchen   Auftauchen

 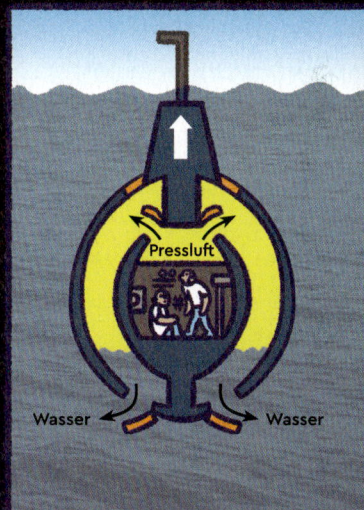

TIEF GESUNKEN
So funktioniert ein U-Boot

Ein U-Boot ist so gebaut, dass es gerade eben schwimmt, also leichter als das von ihm verdrängte Wasser ist. Es verfügt über **Kammern**, sogenannte Ballast- und Regeltanks, die mit Luft oder Wasser gefüllt werden können. Treibt das U-Boot an der Oberfläche, enthalten sie Luft. Zum Abtauchen flutet man die Kammern mit **Wasser**. Weil Wasser schwerer als Luft ist, wird so auch das gesamte U-Boot schwerer. Wiegt das Boot mehr als das von ihm verdrängte Wasser, sinkt es. Ist die gewünschte Tiefe erreicht, wird mit **Pressluft** ein Teil des Wassers wieder aus den Kammern herausgedrückt. Wiegen das U-Boot und das von ihm verdrängte Wasser gleich viel, schwebt es in gleichbleibender Tiefe. Soll das Boot auftauchen, wird mit Pressluft weiter Wasser aus den Kammern gedrückt. Oft gibt es zudem **Ballastgewichte**, die im Notfall abgeworfen werden können.

Drucks! Und dann erblickt Piccard sogar einen Fisch: einen Plattfisch, etwa 30 Zentimeter lang und 15 Zentimeter breit.

Viel mehr können die beiden nicht beobachten: Die Trieste muss vor Sonnenuntergang wieder auftauchen, damit das Begleitschiff sie in der stürmischen See bergen kann. Nach nur 20 Minuten leitet Jacques Piccard das Auftauchmanöver ein.

Um 16.56 Uhr erreicht die Trieste die Wasseroberfläche. Als die Kabine wieder wild in den Wellen schaukelt, wissen Jacques Piccard und Don Walsh, dass sie den Höllenritt überstanden haben. Die Bilder der beiden landen weltweit auf den Titelseiten der Zeitungen und Magazine, und der US-amerikanische Präsident gratuliert ihnen persönlich zu ihrer sensationellen Leistung.

Doch das Interesse an bemannten Tiefsee-Expeditionen verfliegt mit der Zeit, Tauchroboter übernehmen die gefährlichen Erkundungen. Selbst Jacques Piccard taucht nie wieder so tief wie im Januar 1960. Erst 2012 wagt sich erneut ein Mensch in den Marianengraben. Und 2019, fast 60 Jahre nach Piccards und Walshs Mission, bricht ein US-amerikanischer Millionär ihren Rekord – um wenige Meter (mehr dazu im Interview rechts). ■

Bitte lächeln! An Bord eines der Begleitschiffe empfangen **Journalisten** und Fotografen die beiden Taucher. Kurz darauf gehen Berichte von der Rekordtauchfahrt um die Welt

Interview

»Ich wollte das stabilste Tauchboot der Geschichte bauen«

Ende April 2019 taucht der Millionär und Abenteurer **Victor Vescovo** *noch tiefer in den Marianengraben hinab und knackt den Rekord von Jacques Piccard und Don Walsh. Hier erzählt er von seiner Mission*

GEOlino extra: Herr Vescovo, Sie sind zu den tiefsten Stellen aller fünf Ozeane getaucht. Wie kamen Sie auf die Idee?
Victor Vescovo: Ich hatte schon oft hohe Berge bestiegen. Es war eine interessante Herausforderung, einmal in die andere Richtung zu gehen und der Erste auf dem Grund all dieser Ozeane zu sein. Vier der tiefsten Stellen hatte noch nie ein Mensch besucht. Das konnte ich gar nicht glauben!

Und worum genau ging es Ihnen dabei?
Ich wollte das fortschrittlichste, stabilste Tiefsee-Tauchboot der Geschichte bauen. Es war also vor allem eine technische Herausforderung für mich und mein Team, etwas, das ich vorher noch nie gemacht habe. Gerade weil es so anders war, war es spannend. Erst als es mit dem Tauchen losging, begann ich mich auch für Dinge wie die Tiere und Gesteine und den Einfluss der Tiefsee auf das Klima zu interessieren.

Wäre es nicht sinnvoller, die Erkundung der Tiefsee Wissenschaftlern zu überlassen?
Na ja, irgendjemand muss das Boot ja bezahlen, bauen und steuern. Und wir haben das Boot so sicher und komfortabel gestaltet, dass mich jeder, also auch Wissenschaftler, auf einer Mission begleiten kann – ohne spezielles Training oder besondere Anstrengungen. Neue Orte zu entdecken und zu erforschen gelingt nur im Team.

Sie sind ein paar Meter tiefer getaucht als Jacques Piccard und Don Walsh. Sind Sie der größere Abenteurer?
Nein, überhaupt nicht. Piccard und Walsh sind damals mit viel einfacherer Ausrüstung auf nahezu die gleiche Tiefe getaucht. Ich hatte viel modernere Technik. Mein Boot ist viel sicherer. Die beiden sind ein viel größeres Risiko eingegangen – und sie waren nun mal die Ersten da unten.

FINSTERE TYPEN

TIERE DER TIEFSEE

*200 Meter unter der Meeresoberfläche beginnt die Tiefsee. Es ist ein Reich der **Finsternis**, bitterkalt – und voller fremdartiger Tiere. Zeit, etwas Licht ins Dunkel zu bringen…*

Text: *Stefan Greschik*
Fotos: *Solvin Zankl*

STRAHLEMANN

Größe: bis 25 Zentimeter
Lebensraum: bis 1000 Meter Tiefe

Die meisten Wesen unter Wasser sind wahre Schwarzseher: Im Dauerdunkel können sie kaum Farben erkennen. Bereits nahe der Oberfläche verschluckt das Wasser etwa die roten Anteile des Sonnenlichts. Die Augen der meisten Tiere können diese Farbe deshalb gar nicht wahrnehmen. Eine Ausnahme ist der **Schwarze Drachenfisch**. Das nutzt der Räuber raffiniert aus: Er strahlt seine Umgebung mit rotem Licht wie mit einem Scheinwerfer an. So kann er seine Beute, meist kleine Krebse, ausfindig machen, ohne selbst von ihr gesehen zu werden.

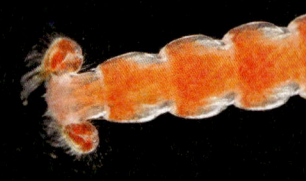

WEISSER WANDERER

Größe: bis zu einem Meter
Lebensraum: bis unter 2700 Meter Tiefe

Das Leben dieses gespenstischen Tiefseebewohners ist ein einziges Auf und Ab: Die **Brachsenmakrele** lebt an den Kontinentalhängen, wo flache Bereiche in die Tiefsee übergehen. Jungtiere verstecken sich dort gern kilometertief in der Finsternis. Erst als Erwachsene wagen sich die Brachsenmakrelen weiter nach oben, um Krabben, Schnecken, Krill und kleine Fische zu jagen.

KLARER KOPF

Größe: bis 45 Zentimeter lang
Lebensraum: bis 1000 Meter Tiefe

Wenn Harry Potter unerkannt herumschleichen will, zieht er einfach seinen Tarnumhang über. Dieser **Glaskrake** hat das gar nicht nötig: Sein Kopf und die Arme sind durchsichtig. Nur die inneren Organe und die Augen schauen noch hervor. In der Tiefsee und im trüben Dämmerlicht ist er mit dieser Tarnung fast unsichtbar. So kann er sich unerkannt an Beute heranmachen – oder vor seinen Feinden fliehen.

VERIRRTER ZWERG

Größe: 6 Millimeter
Lebensraum: bis 400 Meter Tiefe

Eigentlich kriechen sie eher am Strand oder im flachen Wasser umher: **Einsiedlerkrebse**. Doch eine Einsiedlerkrebs-Larve hat unser Fotograf in der Tiefsee entdeckt. Sie hat noch kein Schneckenhaus gefunden, in das sie schlüpft, um ihr empfindliches Hinterteil zu schützen. Ihre Scheren sind hingegen schon gut ausgebildet: Die riesige Rechte dient später als Schild, mit dem der Krebs die Öffnung seines Hauses versperrt. Die kleinere Linke ist sein Essbesteck, mit dem er Nahrung greift.

LICHTGESTALT

Größe: bis 40 Zentimeter
Lebensraum: bis 1000 Meter Tiefe

Wenn etwas leuchtet, macht das die Tiere der Tiefsee neugierig. Oft schwimmen sie heran, um sich die Lichtquelle anzusehen. Das nutzen Räuber wie dieser **Tiefseekalmar**: An seinen Fangtentakeln hat er Leuchtorgane, sogenannte Photophoren, um Beute anzulocken. Ein Leuchtfisch ist darauf hereingefallen – und zappelt hilflos in den Armen des Jägers. Der wird ihn erst mit seiner Raspelzunge zerkleinern und dann fressen.

DER BLENDER

Größe: rund 18 Zentimeter
Lebensraum: bis 4500 Meter Tiefe

Ein riesiges Maul mit einem Wirrwarr an Zähnen. Trübe Augen. Und ein krummer Fortsatz, der aus dem Kopf wächst wie ein Horror-Wurm: Unter den Tiefsee-Tieren ist der **Anglerfisch** eines der unheimlichsten. Doch für die Gruseloptik gibt es gute Gründe: In der Angel sitzen leuchtende Bakterien, die Beute anlocken. Schwimmt diese herbei, schnappt sie der Räuber mit einem Happs. Sogar Tiere, die größer sind als er! Allerdings gilt das nur für die Weibchen. Anglerfisch-Männchen sind centstückkleine Anhängsel, die buchstäblich an ihrer Partnerin kleben.

DER FEINFÜHLIGE

Größe: bis 40 Zentimeter
Lebensraum: bis 3500 Meter Tiefe

Jeden Morgen, wenn die Sonne aufgeht, verzieht sich der **Walkopf** aus den oberen Meeresregionen in die Tiefe, wo es schön finster ist. Hier ist er in seinem Element: Mit seinem Seitenlinienorgan kann er noch feinste elektrische Signale oder Bewegungen von vorbeischwimmenden Krebsen und Fischen wahrnehmen. Ist die Beute erst entdeckt, schnappt er aus der Dunkelheit zu – und knipst ihr das Licht aus.

DREAMTEAM

Größe: bis 40 Zentimeterr
Lebensraum: bis 1000 Meter Tiefe

Einer für alle, alle für einen: Unter diesem Motto treiben **Staatsquallen** durch die Tiefsee. Sie bestehen aus vielen einzelnen Hohltieren, Polypen, die sich zu einer Kolonie zusammenschließen. In dieser übernimmt jedes Tier eine spezielle Aufgabe: Manche sind für das Schwimmen zuständig, andere für das Fressen oder die Fortpflanzung. Dank der Arbeitsteilung können die Einzeltiere viel leichter überleben.

KERNIGER KERL

Größe: 2 bis 10 Millimeter
Lebensraum: bis 1000 Meter Tiefe

Im Gegensatz zum Walkopf ist der kleine **Muschelkrebs** ein harter Kerl: Damit er nicht gefressen werden kann, ist sein Körper von zwei Schalen umgeben. Über den Augen ist der Panzer durchsichtig, damit der Zwerg trotzdem den Durchblick behält. Will er verschwinden, wedelt er einfach mit seinen Antennen. Die sind extrabreit – und perfekt zum Paddeln.

GUTE FRAGE

Sollte es mehr Wind

*Um klimaschonend Strom zu erzeugen, brauchen Windkraftanlagen
Allein vor der deutschen Nord- und Ostseeküste drehen sich
Aber es gibt Gegenwind – von Naturschützern. Hier lest ihr,*

DAFÜR

Gut fürs Klima

Dass Strom aus Windkraft dem Klima weniger schadet als solcher aus Kohle, Gas oder Öl, stellen selbst Kritiker nicht infrage. Schließlich entsteht so kein klimaschädliches CO_2. ==Außerdem kostet Wind nichts, und er geht niemals aus.== Befürworter sagen deshalb, dass es noch mehr Windkraftanlagen auf See braucht, um noch mehr klimafreundlichen Strom nutzen zu können.

Außerdem weht der Wind auf See viel stärker als im Binnenland. Je steifer die Brise, umso schneller drehen sich die riesigen Rotoren – und umso mehr Strom wird erzeugt. Zudem gibt es auf See weniger windstille Tage und keine Berge oder Wälder, die den Wind ausbremsen. Mit einer gleichen Anzahl Windkraftanlagen auf See lässt sich deshalb viel mehr Strom erzeugen als an Land.

Dazu kommt, dass die bis zu 160 Meter hohen Anlagen weit draußen auf See die Landschaft nicht verschandeln, keine störenden Schatten werfen und ihr Lärm keine Anwohner belästigt. Kurz: ==Wir Menschen kriegen von den Stromerzeugern auf Nord- und Ostsee nur wenig mit.== Und zum Schutz der Tierwelt würden bei der Planung und beim Bau der Anlagen immer Umwelt-Experten mit eingebunden. Für Meerestiere etwa könnten die Anlagen sogar eine Chance sein, sagen einige Naturschützer: So könnten sich etwa Fischschwärme in den Windparks tummeln, weil Fischer ihre Netze dort nicht auswerfen dürfen. Und die Fundamente der Anlagen am Meeresgrund würden sogar neuen Lebensraum für Krebse und andere Schalentiere bieten.

kraftanlagen auf See geben?

natürlich vor allem: Wind. Und der weht auf dem Meer besonders beständig.
bereits mehr als 1400 Riesen-Windräder in 26 großen Windparks.
was für oder gegen Windkraftanlagen auf See spricht

DAGEGEN

Schlecht für die Tiere

Windräder stören auf hoher See zwar keine Menschen, die Tierwelt aber sehr wohl, sagen Kritiker. **Vor allem während der Errichtung, wenn die riesigen Fundamente der Windräder in den Boden gerammt werden, würden Meeresbewohner vertrieben oder gar verletzt.** Insbesondere bei Schweinswalen kann extremer Lärm zu Hörschäden führen. Dabei seien die Meere durch uns Menschen ohnehin schon stark belastet, klagen Naturschützer: Überfischung, Plastikmüll, Schifffahrt, Kies- und Sandabbau sowie die Förderung von Erdöl und Erdgas machen Meerestieren und Wasserpflanzen zu schaffen.

Aber auch See- und Zugvögel können unter den Windparks auf dem Meer leiden. Ihre Flugrouten werden durch die Parks zerschnitten, wichtige Rastplätze und Nahrungsgebiete gehen verloren. Zudem besteht die Gefahr, dass sie mit den riesigen Rotoren der Anlagen zusammenstoßen. All dies würde häufig nicht ausreichend berücksichtigt, wenn Windparks auf See genehmigt werden, kritisieren Naturschützer.

Der Bau der Anlagen im Meer ist zudem sehr aufwendig und teuer. Das Material muss extremen Bedingungen trotzen und somit besonders stabil sein. Vor allem aber kostet es viel, den erzeugten Strom auch dorthin zu bringen, wo er gebraucht wird: an Land. Kilometerlange Seekabel müssen bis zur nächstgelegenen Küste verlegt werden. Außerdem werde es vor allem in der Nord- und Ostsee so langsam eng, sagen Experten. Immerhin müsse auch noch Platz für den Schiffsverkehr und Naturschutzgebiete bleiben.

Surfen

»EINE GROSSE WELLE ZU REITEN IST WAHNSINNIG TOLL«

Beim Surftraining hat Kai, 10 Jahre alt, nur Augen für die perfekte **Welle** – und zwar bevor er überhaupt ins Wasser geht. Schon am Strand muss der Zehnjährige genau hinschauen. Hier erzählt er, worauf er dabei achtet und warum er auf dem Wasser manchmal die Zeit vergisst

Protokoll: *Sarah Marquardt*
Fotos: *Andrés Gutiérrez*

»Shaka« nennen Surfer diese **Geste**, die Kai hier macht (rechts). Sie heißt so viel wie »cool« oder »gute Welle«. Und die reitet der Zehnjährige nur zu gern (links)

Wenn ich mit meinem Surfbrett am Strand stehe, bin ich immer ein bisschen nervös. Schließlich sind die Bedingungen am Meer jeden Tag anders, und es ist bei jeder „Session", so nennen wir Surfer einen Surftag, eine neue Herausforderung: Wind, Strömungen, Wellengröße und -stärke ändern sich ständig.

Wer die Bedingungen gut einschätzt, kann auf dem Wasser viel Energie sparen. Meistens gibt es Stellen im Wasser, an denen die Wellen höher brechen – der optimale Platz zum Wellenreiten. Den muss man finden, wenn man nicht umsonst aufs Meer rauspaddeln will. Das kann nämlich ziemlich anstrengend sein! **Während ich mich aufwärme, beobachte ich deshalb immer das Meer.** Mittlerweile kann ich das ganz gut, immerhin surfe ich, seitdem ich fünf Jahre alt bin.

Schon vorher habe ich viel mit dem Brett meines großen Bruders Tim am Strand und in den Wellen gespielt, obwohl ich noch nicht einmal schwimmen konnte. Mit Schwimmflügeln auf einem Surfbrett – das sah echt witzig aus! ▶

Am Strand reibt Kai sein Board mit einem speziellen **Wachs** ein, damit er beim Surfen nicht herunterrutscht

Die Wellen im Blick: Vor dem Surfen beobachtet Kai ausgiebig das **Wasser** und schaut, an welchen Stellen die Wellen am besten brechen

Wir wohnen direkt am Strand, in El Médano, einer Kleinstadt im Süden der kanarischen Insel Teneriffa, haben also den „Surfspot", einen Ort zum Wellenreiten, direkt vor der Tür. Hier habe ich auch gelernt, mich in den ersten kleinen Wellen auf dem Surfbrett hinzustellen. Mein Vater hat mir damals geholfen und mich in die Wellen hineingeschoben. Ich fand das Gefühl, auf den Wellen zu gleiten, von Anfang an super.

Als ich sechs Jahre alt war, habe ich meinen Eltern gesagt, dass ich einen richtigen Trainer haben möchte. Denn für mich war immer klar, dass ich gerne so surfen wollte wie die Profis in den Surfvideos im Internet. Seitdem trainiere ich viel in einer Gruppe von Kindern. Zusätzlich treffe ich mich noch jeden Samstag mit einem weiteren Trainer und einem Team von Wettkampfsurfern. Da feilen wir an meiner Technik und machen sogar Wettkampftaktik.

Bei einem Wettkampf werden nämlich in jeder Runde sogenannte *Heats* gefahren. Vier Surfer sind dabei gemeinsam auf dem Wasser, meist für 15 Minuten. Jeder versucht, die Wellen dann so spektakulär wie möglich zu surfen und seine besten *Moves*, so heißen die Surfmanöver, zu zeigen. Dafür gibt es Punkte von den Punktrichtern. In einem Heat brechen aber meistens nur wenige wirklich gute Wellen.

Zudem gibt es beim Surfen Vorfahrtsregeln, ähnlich wie im Straßenverkehr. **Der Surfer, der am nächsten zum brechenden Teil der Welle ist, hat Vorfahrt.** Man muss also eine Strategie entwickeln, um die Wellen so auszuwählen und anzusteuern, dass man zur richtigen Zeit am richtigen Ort ist. Nur dann kann man die beste Welle fahren. Gar nicht so einfach!

Liegend paddelt Kai zum steilsten Teil einer Welle, bis er fühlt, wie das Brett darauf zu gleiten beginnt. **Anpaddeln** nennen Surfer das

Im brechenden Teil der Welle macht Kai einen **Off-the-lip-Turn**, ein sehr schwieriges Manöver, das bei einem Wettkampf viele Punkte bringt

Wie Brandungswellen entstehen

❶ Wellen entstehen, wenn Wind übers Meer fegt und sich seine **Bewegungsenergie** auf das Wasser überträgt.

❷ Einmal in Wallung gebracht, kann eine Welle über **Tausende Kilometer** hinweg wandern. Nähert sie sich dem Land, wird sie vom Meeresboden abgebremst.

❸ Dadurch bewegt sich der untere Teil einer Welle langsamer als der obere. Die **Welle** bäumt sich auf, überschlägt sich und bricht schließlich am Ufer.

Mein Training dauert normalerweise zwei Stunden. Meistens nimmt mein Trainer uns auf Video auf und wir schauen uns später alles an. Danach besprechen wir, was wir verbessern können. Auch sonst stehe ich so oft wie möglich auf dem Board. Solange ich alle Aufgaben für die Schule schaffe und gute Noten habe, darf ich surfen, so viel ich will, sagen meine Eltern. Und das mache ich auch! Auf dem Wasser verfliegen die Stunden nur so: Ich denke an nichts anderes und bin voll konzentriert auf den Moment. Natürlich kann es auch gefährlich werden. **Richtig große Wellen können mich schon mal vom Board reißen.** Wenn ich durchs Wasser wirbele, fühle ich mich wie in einer Waschmaschine. Da heißt es dann: „Luft anhalten und durch." Doch das Risiko lohnt sich. Eine große Welle zu reiten ist einfach wahnsinnig toll. Da werde ich so ▶

Beweisaufnahme: Während Kai auf dem Wasser ist, filmt sein Trainer ihn. Anschließend schauen sie sich die **Videos** an und besprechen, was Kai verbessern kann

schnell, dass es mir fast so vorkommt, als würde ich fliegen. Ich liebe dieses Gefühl!

Außerdem mag ich es einfach, mich mit anderen Surfern zu messen und von ihnen zu lernen. 2019 bin ich sogar spanischer Vizemeister bei den unter Zwölfjährigen geworden. Aber ich möchte unbedingt noch besser werden und eines Tages ein Mitglied der deutschen Surf-Nationalmannschaft sein, um mich mit den besten Surfern der Welt zu messen.

Immer wieder spricht der Trainer mit Kai, gibt ihm **Ratschläge** und motiviert ihn, auch schwierige Manöver auszuprobieren

Trockenübung: Wenn es keine guten Wellen gibt, trainiert Kai seine Moves auf der Straße – mit einem speziellen **Skateboard** für Surfer

STECKBRIEF:
Wellenreiten

Woher kommt Surfen? Surfen, englisch für Wellenreiten, stammt ursprünglich von den Südsee-Inseln. Dort stürzen sich Einheimische wohl schon vor 4000 Jahren bäuchlings ins Wasser. Bald gleiten sie die Wellen nicht mehr mit ihrem Körper hinab, sondern sitzen, knien oder stehen auf Binsenbündeln oder Holzplanken. Auf Seefahrten verbreiten sie das Surfen. Etwa um das Jahr 1720 gelangt es auf die Inselkette Hawaii und löst etwa ab dem Jahr 1950 weltweit Begeisterung aus.

Was brauche ich? Neben dem Surfbrett braucht ihr einen Neoprenanzug, um nicht zu frieren. Wachs, damit euer Board nicht zu rutschig ist, Wind und Wellen natürlich. Und eine Menge Geduld.

Wo kann ich surfen? Auch wer nicht an der See wohnt oder seine Urlaube an den Surfspots der Welt verbringt, kann surfen. Überall in Deutschland gibt es inzwischen künstliche Wellen auf Flüssen, in Schwimmbecken und sogar auf Seen. Zu den bekanntesten gehören die im Münchner Eisbach und die Lake Surfing Welle auf einem See in Köln. Diese Art des Wellenreitens nennt sich übrigens „Rapid Surfing".

Wo kann ich mich informieren? Wer Interesse am Surfen oder Rapid Surfing hat, findet mehr Infos auf der Webseite des Deutschen Wellenreiten Verbandes: www.wellenreitverband.de.

Auf seiner **Instagram-Seite** instagram.com/kai_schmitz1 berichtet Kai regelmäßig von seinem Hobby

Kombi-Abo

Jetzt das Kombi-Abo zum Vorteilspreis sichern!

+ 40% Ersparnis auf GEOlino extra!

14× GEOlino + 6× GEOlino extra zusammen für nur

90,– € statt ~~108,– €~~

2 Schuber als Prämie!

2 Sammelschuber
- Bieten Platz für bis zu 14 Ausgaben
- Zuzahlung 1,– €

Jetzt das Kombi-Abo zum Vorteilspreis sichern und 18,– € sparen:

www.geolino.de/extra

+49 (0) 40 / 55 55 89 90   kundenservice@dpv.de

Bestell-Nr. angeben: selbst lesen 188 8085 / verschenken 188 8087. 14 Ausgaben GEOlino inkl. 1 GEOlino-Ferienheft und 6 Ausgaben GEOlino extra zum Vorteilspreis für zzt. nur 90,– € statt 108,– € gegenüber dem Normalpreis (inkl. MwSt. und Versand) – 1,– € Zuzahlung für die Prämie. Es besteht ein 14-tägiges Widerrufsrecht. Zahlungsziel: 14 Tage nach Rechnungserhalt.

Anbieter des Abonnements ist Gruner + Jahr GmbH. Belieferung, Betreuung und Abrechnung erfolgen durch DPV Deutscher Pressevertrieb GmbH als leistenden Unternehmer.

QUALLENLAMPE
SCHÖNER SCHEIN

*Mit ihren bunten Schirmen und den wehenden Tentakeln sind Quallen wirklich hübsch anzusehen. Als besonders helle gelten sie allerdings nicht. Einzige Ausnahme: diese **Exemplare** aus der GEOlino-Werkstatt*

IHR BRAUCHT:

Papierlampe • Geschenkband, Bänder oder Wolle in verschiedenen Farben • Krepppapier • Stoffreste • Transparentpapier • doppelseitiges Klebeband • Faden oder Garn • Schere • Teller • Stift

SO GEHT'S:

1 Baut die Papierlampe auf, so wie in der beigefügten **Anleitung** beschrieben.

2 Jetzt bastelt ihr die **Tentakel**: Schneidet die Geschenkbänder und das Krepppapier in etwa einen Meter lange Streifen. Manche können ruhig etwas kürzer oder länger sein.

3 Wellige Tentakel stellt ihr aus dünnem Stoff oder Transparentpapier her. Legt beides dazu jeweils in mehreren Lagen aufeinander, sodass der Teller noch darauf passt. Er dient euch als **Schablone**: Zeichnet um den Teller herum einen Kreis auf **A** und schneidet ihn aus **B**. Den Kreis schneidet ihr spiralförmig von außen nach innen zu **C**. Die Streifen, die dabei entstehen, sollten 1 bis 2 cm breit sein.

4 Klebt nun die Stoff- und Transparentpapierstreifen, das Krepppapier und die Geschenkbänder mit dem doppelseitigen **Klebeband** im Wechsel von außen an der Lampe fest. Sollten die Stoffstreifen mit dem Klebeband nicht halten, befestigt sie mit Sicherheitsnadeln.

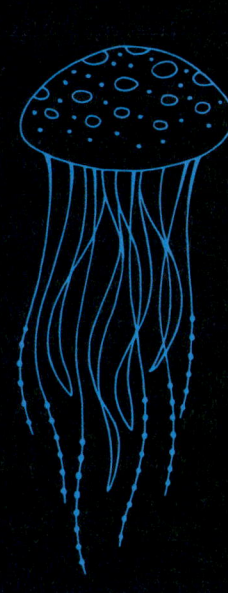

5 Deckt die Klebestellen mit einem breiten Stoffband oder Kreppstreifen ab. Verwendet dazu das doppelseitige Klebeband. Noch hübscher sieht es aus, wenn ihr den Krepp in **Fransen** schnippelt: Schneidet von der Rolle ein 4 bis 5 cm breites Stück ab und dieses mehrfach bis zur Hälfte ein. Wickelt das Stück auf und befestigt es mit doppelseitigem Klebeband in mehreren Lagen am Lampenschirm.

6 Bindet einen **Faden** oben an der Lampe fest und hängt sie auf.

Unsere Expertin Ingrid Angel-Benavides

Unser Experte Simon Tewes

Spione auf hoher See

Unsere Weltmeere sind so unendlich weit, dass selbst Forscher lange kaum wussten, was genau dort vor sich geht. Um das zu ändern, haben sie das **Beobachtungssystem** Argo erdacht und Tausende Messbojen zu Wasser gelassen. Hier lest ihr, wie sie damit die Ozeane ausspionieren

Text: *Verena Linde*

Jedes Jahr werfen Argo-Forscher neue **Bojen** von Schiffen ins Meer. Dort messen sie unter anderem die Wassertemperatur

Wie warm ist der Ozean? Wie salzig? In welche Richtung strömt das Wasser? Um solche Fragen zu beantworten, vermessen Forscher die Meere lange Zeit nur von der Küste und von Schiffen aus. Es ist ein bisschen so, als würden sie einen großen Zeh in eine Badewanne stecken, um die exakte Temperatur festzustellen. Bis sie sich im Jahr 2000 Argo ausdenken.

Argo ist ein Beobachtungssystem mit knapp 4000 mobilen Messstationen in allen Ozeanen rund um den Globus. Sie treiben als längliche Bojen durch das Wasser. Simon Tewes, Ingenieur für Meeresmesstechnik am Bundesamt für Schifffahrt und Hydrographie, erklärt, wie solch eine Boje aufgebaut ist: „Sie besteht aus einem etwa zwei Meter langen Körper. Darin befinden sich alle möglichen Geräte, Batterien, Pumpen, Kabel und ein kleiner Computer. Außerhalb der Röhre haben wir dann die Sensoren, die Druck, Salzgehalt und Temperatur messen. Dazu eine Antenne, die die Daten überträgt."

Die Meeres-Spione arbeiten nach einem festen Rhythmus: Die meiste Zeit treiben sie in 1000 Meter Tiefe dahin. Alle zehn Tage tauchen sie sogar noch weiter hinab, auf 2000 Meter Tiefe. Im Anschluss kehren sie zurück zur Wasseroberfläche. Dabei sammeln sie jede Menge Daten und senden diese ▶

So arbeitet eine Boje

Die Argo-Bojen folgen einem festen Rhythmus. Alle zehn Tage sinken sie von der **Oberfläche** ① auf 1000 Meter ab, also dorthin, wo die Tiefsee beginnt und vollkommene **Dunkelheit** herrscht ②. Neun Tage lang driften sie in dieser Tiefe mit der **Strömung** ③. Dann tauchen sie kurz auf 2000 Meter **Tiefe** hinunter ④, um anschließend langsam bis zur Wasseroberfläche aufzusteigen. Dabei messen sie Druck, Temperatur und Salzgehalt und senden diese Daten zusammen mit ihrem Standort an einen **Satelliten** ⑤. Dieser leitet die Daten sämtlicher Bojen an zwei Datenzentralen, von wo aus sie später veröffentlicht werden, sodass Wissenschaftler in aller Welt sie für ihre Studien nutzen können.

Die normalen Argo-Bojen wiegen rund 20 Kilogramm und können per Hand über Bord geworfen werden – wie hier vom **Forschungsschiff »Polarstern«**

Messergebnisse an einen Satelliten – zusammen mit ihrer Position.

Zum Auf- und Abtauchen nutzen die Bojen ein raffiniertes System: „Außen besitzen sie eine Blase, einen Ballon aus festem Gummi. Ist die Boje in der Tiefe, schrumpelt der Ballon zusammen wie eine alte Traube", erklärt Simon Tewes. „Wenn sie auftauchen soll, pumpt die Boje ein wenig Öl aus ihrem Inneren in den Ballon. Der bläht sich auf, und die Boje steigt auf." Das muss man sich vorstellen wie bei einem Glas Wasser: Schüttet man etwas Öl hinein, sinkt der Tropfen erst ab und steigt dann wieder an die Oberfläche.

Simon Tewes hat selbst schon zahlreiche der Spione von Schiffen aus über Bord geworfen – und so an ihren Einsatzort gebracht. „Wir in Deutschland konzentrieren uns dabei auf den Atlantik. Im Pazifik sind andere Länder zuständig", erklärt er. Insgesamt 30 Staaten beteiligen sich an dem Projekt, geben Geld, konstruieren Bojen, beschäftigen Wissenschaftler wie Simon Tewes und seine Kollegin, die Ozeanografin Ingrid Angel-Benavides.

Alles, was die Bojen an die Satelliten senden, landet in zwei riesigen Datenzentralen. Eine steht in Frankreich, die andere in den USA. „Auf diese Weise haben wir in 20 Jahren schon mehr Informationen gesammelt als in dem gesamten Zeitraum davor", sagt Ingrid Angel-Benavides und ergänzt: „Verschiedenste Wissenschaftler nutzen sie, zum Beispiel Meteorologen für die Wettervorhersage."

So ist Argo etwa wichtig, um Hurrikans vorherzusagen. Die Wirbelstürme entstehen immer dort, wo das Meer warm ist. Anhand der von Argo gemessenen Wassertemperaturen können Meteorologen daher vorhersagen, wo sie hinziehen. „Aber vor allem für die Klimaforschung sind die Daten megawichtig. Einfach, weil der Ozean in engem Austausch mit der Atmosphäre ist", sagt die Ozeanografin.

Einen großen Teil des Gases Kohlendioxid (CO_2), das die Klimaerwärmung vorantreibt, nimmt der Ozean aus der Luft auf und speichert es, die Wärme ebenso. Dadurch verlangsamt sich der Klimawandel. Die genauen Zusammenhänge verfolgen Forscher

Wo die Argo-Bojen in den Ozeanen treiben

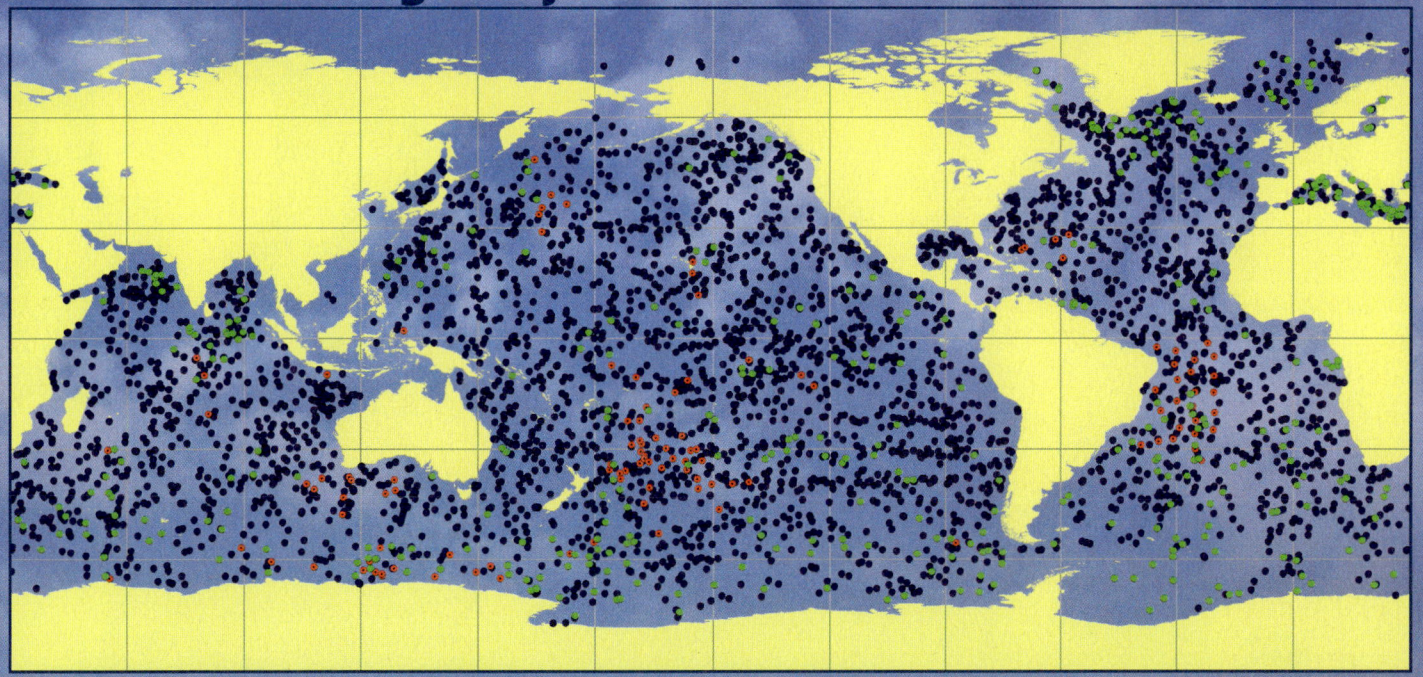

Rund 4000 **Bojen** treiben rund um die Erde im Meer und messen Temperatur, Druck und Salzgehalt des Wassers (●). Dazu gibt es Sondermodelle, die mit ihren Sensoren weitere chemische Stoffe messen (●), und Exemplare, die besonders tief, also bis auf 6000 Meter, tauchen können (●)

Aufbau einer Argo-Boje

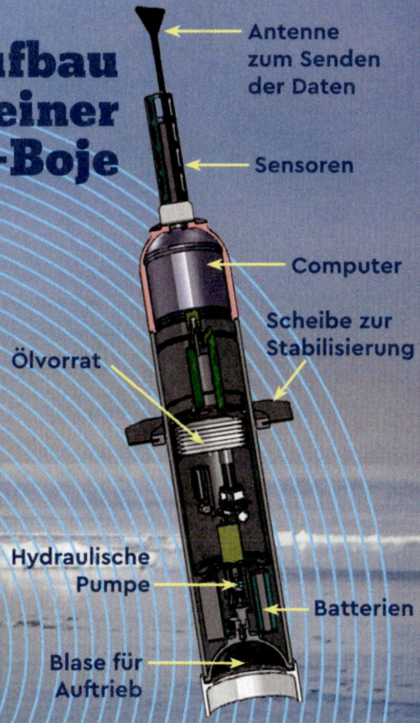

- Antenne zum Senden der Daten
- Sensoren
- Computer
- Scheibe zur Stabilisierung
- Ölvorrat
- Hydraulische Pumpe
- Batterien
- Blase für Auftrieb

Um mehr über die Polregionen zu erfahren, tüfteln Forscher an Bojenmodellen, die unter einer geschlossenen **Eisdecke** hindurchtauchen können

rund um den Globus anhand der Argo-Messdaten.

Damit Argo weiterhin zuverlässig Daten liefern kann, leistet auch die deutsche Gruppe einen großen Beitrag: Jedes Jahr legen die Argo-Wissenschaftler etwa 60 neue Spione aus. Einige darunter sind wahre Spezialagenten, die bis zu 6000 Meter tief tauchen oder weitere chemische Stoffe mit ihren Sensoren messen können. Aus den Daten kann man schließen, wie viel Nahrung für Wale und andere Tiere durch den Ozean schwebt. „Das Schöne daran ist", sagt Ingrid Angel-Benavides, „dass jeder die Daten von Argo nutzen kann." Sie finden sich auf der Argo-Internetseite. „Wer neugierig ist, sollte da mal raufklicken." ∎

DAS IST IHR JOB

Das Watt erforschen, mit Kraken tauchen, Fische fangen: Viele Berufe klingen unglaublich spannend. Sind sie es wirklich? Wir machen den **Check**

Protokolle: *Nicole Röndigs*

Philipp Fischer taucht einmal im Monat ab, bei **Expeditionen** sogar täglich – um Fische und andere Meeresbewohner zu erforschen

»Beim Tauchen kommen mir die besten Ideen«, sagt Philipp Fischer. Hier ist er vor der griechischen Insel Kreta im Mittelmeer unterwegs

PHILIPP FISCHER, 32:
TAUCHER UND MEERESBIOLOGE

Arbeitsort: AWI-Tauchzentrum auf Helgoland

So sieht mein Alltag aus: Für mich als wissenschaftlicher Leiter des Tauchzentrums ist jeder Tag anders. Vor einer Expedition sind meine Kollegen und ich damit beschäftigt, die Ausrüstung zusammenzustellen und Experimente zu planen. Außerdem trainieren wir in unserem Testbecken für den Einsatz und üben zum Beispiel, unter Wasser Messgeräte aufzubauen. Sind wir dann auf Expedition, tauche ich jeden Tag im Meer: Mein Team und ich erforschen Fische und andere Tiere, etwa um herauszufinden, wie sich der Klimawandel auf sie auswirkt.

Ich bin Taucher geworden, weil ... ich es schon als Achtjähriger spannend fand, beim Schnorcheln Quallen und Kraken zu beobachten.

Das mag ich besonders an meinem Job: Unter Wasser kann ich das Verhalten von Tieren mit eigenen Augen beobachten, Forscher ohne Tauchausbildung können das nicht. Auch toll: Ich bin in der Arktis und Antarktis schon an Orten getaucht, an denen vorher noch nie ein Mensch war.

Manchmal nervt mich: dass ich zu vielen Besprechungen muss und viel Papierkram zu erledigen habe.

Während meiner Ausbildung habe ich gelernt ... mich sicher unter Wasser zu bewegen und Ökosysteme im Meer zu verstehen und zu erforschen. Wer gern Taucher werden will, sollte am besten früh Schnorcheln ausprobieren und Tauchstunden nehmen. Später ist es gut, eine Umweltwissenschaft wie Meeresbiologie zu studieren.

So hat sich das Meer in den vergangenen Jahren verändert: Ich sehe bei meiner Arbeit ganz deutlich die Folgen des Klimawandels. Weil das Polarmeer immer wärmer wird, wandern zum Beispiel aus dem Süden viele neue Arten ein, etwa der Atlantische Kabeljau. Der Polardorsch dagegen zieht sich nach Norden zurück.

Verdienst: 2000 bis 2500 € im Monat (als Berufsanfänger)

Actionfaktor: 💥💥💥💥☆

Ist was für ... Teamworker, Sportler, Forscher

Trockenübung im Wasserbecken: Im Tauchzentrum auf Helgoland üben Philipp Fischer und seine Kollegen, wie sie Messungen unter Wasser durchführen

Mira Handsche liebt das Meer. Dort gibt es immer etwas zu entdecken – etwa eine **Miesmuschel**, überwuchert mit Seepocken

Watt? Wurm! Mira Handsche zeigt ihren Gästen, welche Tiere im Schlick leben. Dabei lockt sie auch **Wattwürmer** aus dem Boden

MIRA HANDSCHE, 40:
WATTFÜHRERIN

Arbeitsort: Nordseeinsel Föhr

So sieht mein Alltag aus: Wann ich mit den Gästen ins Watt kann, hängt von der Tide ab, also von Ebbe und Flut. Zwei Stunden vor Niedrigwasser kann es losgehen: Ich radele runter zum Strand und breche von dort mit den Gästen ins Watt auf, je nach Wetter barfuß oder in Gummistiefeln. Oft mache ich Führungen speziell für Kinder, bei denen wir zusammen die Pflanzen und Tiere erforschen: Wir locken Wattwürmer aus dem Boden, lassen Krebse über unsere Hände laufen oder probieren, wie Algen schmecken. Nach etwa zwei Stunden müssen wir zurück zum Strand, dann naht schon die nächste Flut.

Ich bin Wattführerin geworden, weil... ich mich ins Meer verliebt habe! Als ich klein war, hatte mein Onkel ein Haus auf Föhr. Dort haben wir immer unsere Ferien verbracht. Ich fand es damals schon toll, am Strand herumzustromern und Muscheln und Steine zu sammeln.

Das mag ich besonders an meinem Job: Ich liebe es, draußen an der frischen Luft zu sein und barfuß zu laufen, auch wenn es kalt ist. Außerdem bin ich gern mit Kindern unterwegs, die mir Löcher in den Bauch fragen.

Manchmal nervt mich: wenn Leute während der Führungen telefonieren.

Während meiner Ausbildung habe ich gelernt... Eine echte Wattführer-Ausbildung gibt es nicht. Ich habe eine kurze Fortbildung bei der Nationalpark-Verwaltung Schleswig-Holstein gemacht und dabei viel über die Gezeiten und über Tiere und Pflanzen im Watt gelernt – und wie man Führungen interessant gestaltet.

So hat sich das Watt in den vergangenen Jahren verändert: Durch die Klimaerwärmung gibt es im Watt neue Tierarten aus dem Süden, zum Beispiel Plattfußkrabben. Und die Herbststürme sind heftiger geworden.

Verdienst: 10 bis 200 € pro Tour

Actionfaktor:

Ist was für... Teamworker, Kreative, Tierfreunde

Zwei Stunden wandert Mira Handsche mit ihren Gruppen durchs Watt. Bevor die **Flut** kommt, müssen sie zurück an Land sein

Landgang: Meist schippert Mike Adam nach drei Tagen auf See zurück zur **Küste**, um seinen Fang abzuladen und zu verkaufen

Futter vom Kutter: Krabben gelten als **Delikatesse**. Zehntausende Tonnen davon ziehen Fischer jedes Jahr aus der Nordsee

Mit seinem Kutter, der »SD1 Doggerbank«, fährt Mike Adam zur See. Dank seiner Erfahrung weiß er, wo es sich lohnt, die **Netze** auszuwerfen

MIKE ADAM, 47:
KRABBENFISCHER

Arbeitsort: die Nordsee und mein Fischereibetrieb in Friedrichskoog

So sieht mein Alltag aus: Unser Kutter „SD1 Doggerbank" läuft mal morgens, mittags, abends oder auch nachts aus dem Hafen aus – je nach Tide, also Ebbe oder Flut. Auf See bleiben wir, ein Kollege und ich, in der Regel für drei Tage. Wenn wir weit genug draußen sind, setzen wir die Netze ins Meer. Dann heißt es warten: Zwischen einer halben und vier Stunden kann es dauern, bis die ersten Krabben in den Netzen zappeln. In der Zwischenzeit schlafen wir, kochen oder gehen Wache – das heißt, wir beobachten zum Beispiel den Schiffsverkehr oder das Wetter. Haben wir etwas gefangen, hieven wir die Netze an Bord. Die Krabben werden dann gekocht und im Kühlraum gelagert. Wenn wir nicht auf See sind, liegen wir im Hafen, meist in Büsum, und flicken etwa Netze oder warten die Maschine des Kutters.

Ich bin Fischer geworden, weil ... ich in Friedrichskoog, einem Fischerort an der Westküste von Schleswig-Holstein, groß geworden bin. Mein Opa, mein Vater – alle waren Fischer.

Das mag ich besonders an meinem Job: Die Ruhe!

Manchmal nervt mich: dass ich zwischendurch so viel Bürokram erledigen muss.

Während meiner Ausbildung habe ich gelernt ... wie Fische, Krebstiere und Muscheln leben, wie man sie fängt und verarbeitet. Auch Netzkunde und Navigation gehören dazu – und wie man einen Kutter fährt. Der Beruf Fischwirt ist ein normaler dreijähriger Ausbildungsberuf. Um den Kutter fahren zu dürfen, braucht man außerdem ein Patent, eine Art Führerschein.

So hat sich das Meer in den vergangenen Jahren verändert: Leider werden unsere Fischereigebiete immer kleiner – zum Beispiel durch Windparks oder Stromtrassen.

Verdienst: abhängig vom Krabbenpreis

Actionfaktor:

Ist was für ...
Einzelgänger

Abo

Große Abenteuer in jedem Heft.

Jetzt ein Jahr GEOlino extra selbst lesen oder verschenken und eine tolle Prämie auswählen!

Coole Vorteile:

6 Ausgaben
selbst lesen oder verschenken

Coole Prämie
zur Wahl dazu

Kostenlose Lieferung –
das Porto zahlen wir

Jederzeit kündbar
nach Ablauf des 1. Jahres

Unser Tipp für Neugierige:
Das nächste Thema ist immer auf der letzten Seite der Ausgabe zu finden.

Mit jeder Bestellung Gutes bewirken!

GEO-Baumspende
· GEO pflanzt im Rahmen des Vereins „GEO schützt den Regenwald e.V." einen Baum in Sunaulo Bazaar/Nepal
· Die Spende erfolgt automatisch durch die Bestellung. Mehr unter www.regenwald.de

Jetzt bestellen und coole Prämie sichern!

Wunschprämie aussuchen:

Weitere Prämien im Shop!

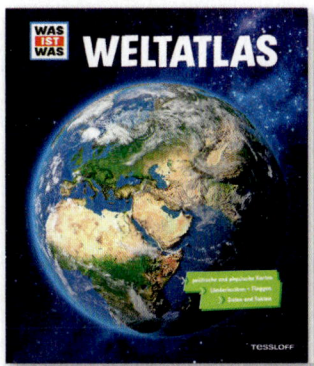
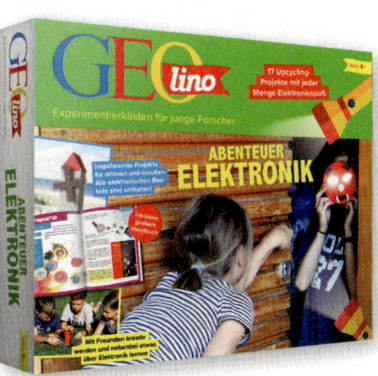

1. WAS IST WAS „Weltatlas"
· Die ganze Welt auf 232 Seiten
· Altersempfehlung: ab 8 Jahren
Ohne Zuzahlung

2. GEOlino Experimentierkasten
· 17 Projekte rund ums Thema „Elektronik"
· Umfangreiches Handbuch inklusive
Zuzahlung 8,– €

3. GEOlino extra-Heftpaket
· GEOlino extra „Katzen"
· GEOlino extra „Geschichte Deutschlands"
Ohne Zuzahlung

Gleich bestellen unter:

www.geolino.de/extra   **+49(0)40/55 55 89 90**

6 Ausgaben GEOlino extra für zzt. nur 45,– € (inkl. MwSt. und Versand) – ggf. zzgl. der genannten Zuzahlung. Es besteht ein 14-tägiges Widerrufsrecht. Zahlungsziel: 14 Tage nach Rechnungserhalt.

Bitte immer die Bestell-Nr. angeben: selbst lesen 187 6185 / verschenken 187 6205

kundenservice@dpv.de

Anbieter des Abonnements ist Gruner + Jahr GmbH. Belieferung, Betreuung und Abrechnung erfolgen durch DPV Deutscher Pressevertrieb GmbH als leistenden Unternehmer.

OMURAWALE

»Die sind wie Geister«

Omurawale schwimmen seit Hunderttausenden von Jahren durch die Ozeane. Trotzdem blieben sie lange unentdeckt. Salvatore Cerchio vom New England Aquarium im US-amerikanischen Boston hat die Meeressäuger erstmals genau beobachtet

Interview: *Verena Linde*

GEOlino extra: Herr Cerchio, wie kann es sein, dass ein zehn Meter langes, tonnenschweres Tier wie der Omurawal über Jahrhunderte unentdeckt bleibt?
Salvatore Cerchio: Weil man ihn erstens leicht mit dem Brydewal verwechseln kann. Und zweitens leben Omurawale vor den Küsten von eher armen Ländern in den Tropen, in denen wenig geforscht wird. Zögen sie an Amerika oder Europa vorbei, wären sie Biologen vermutlich eher aufgefallen.

Wer entdeckte den Omurawal als Erster?
Japanische Walfänger bemerkten in den 1970er-Jahren, dass sie Tiere gefangen hatten, deren Eigenschaften zu keiner bekannten Art passten. Die Wale waren kleiner als Brydewale, und ihre Haut zeigte deutliche Muster: Auf der einen Seite des Kopfes schimmerte sie weiß, auf der anderen schwarz. Um das Jahr 1990 waren die Japaner schließlich sicher,

*Seine Vorfahren schwimmen schon länger durch die Ozeane, als es Menschen auf der Erde gibt. Trotzdem wissen **Forscher** erst seit 30 Jahren, dass es den Omurawal gibt*

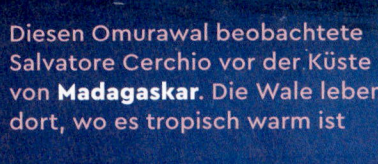

Diesen Omurawal beobachtete Salvatore Cerchio vor der Küste von **Madagaskar**. Die Wale leben dort, wo es tropisch warm ist

eine neue Art entdeckt zu haben und benannten sie nach einem der bekanntesten japanischen Walforscher Hideo Omura.

Jetzt sind Sie der führende Omurawalforscher. Wie kam es dazu?
Reiner Zufall. Seit 2004 beobachte ich im Indischen Ozean vor der Küste Madagaskars Buckelwale. Ich wusste, dass Omurawale existieren, aber die waren wie Geister. Niemand wusste so ganz genau, wie sie aussehen. Aber dann erblickten wir dieses Weibchen! Es schwamm direkt auf uns zu, wie wir über eine Unterwasserkamera beobachten konnten. Dabei zeigte es erst die rechte Seite seines Kopfes, die war weiß. Dann wendete es, und wir sahen die linke Seite. Und die war schwarz. Noch jetzt läuft mir ein Schauer über den Rücken, wenn ich an diesen Moment denke.

Das heißt, Sie waren der Erste, der einen lebenden Omurawal beobachtete?
Ja, mein Team und ich. Aber beweisen konnten wir es zunächst nicht. Zwar gelang es uns in den folgenden Tagen und Wochen, Hautproben zu nehmen, aber uns fehlte die Genehmigung, diese von Madagaskar in die USA ins Labor zu schicken. Als es 2015 endlich so weit war, habe ich sofort meine erste Omurawalstudie veröffentlicht.

Aber damit war Ihre Forschung ja nicht abgeschlossen!
Nein, wir fahren weiterhin jedes Jahr nach Madagaskar. Dort verbringen wir täglich sechs, sieben Stunden auf dem Boot und starren auf Wellen und noch mehr Wellen und noch mehr Wellen, um einen Wal zu entdecken. Sobald die Tiere auftauchen, fotografieren wir sie, nehmen wenn möglich Hautproben, belauschen ihre Gesänge und haben auch schon mehrere Wale mit Sendern bestückt. Daher wissen wir, dass sie nicht weit schwimmen, sondern sich in einem Umkreis von etwa 400 Kilometern bewegen.

Das heißt, Sie wissen schon eine ganze Menge über Omurawale?
Einiges: Sie gehören zu den schnellsten Walen und sind mit zehn Metern eher klein. Wenn sie aus dem Wasser springen, gelingt es ihnen daher, mit dem Kopf voran wieder einzutauchen, wie Delfine. Aber vieles gibt uns auch Rätsel auf: Wie können die Tiere satt werden, wenn sie ausschließlich hier in den nährstoffarmen Tropen unterwegs sind und nicht in den Norden wandern wie Blauwale?

Sie werden also weiterforschen?
Auf jeden Fall! Die Gelegenheit, eine völlig neue Art zu erforschen, ist ein unfassbares Glück. ■

Futter erforschen: Hier holt Salvatore Cerchio ein Netz mit **Krill** ein – mit genau den Krebstieren, die Omurawale fressen

Blättert um – zu unserem Überblick über die wichtigsten Walarten

63

Walzettel

Insgesamt gehören rund 90 lebende Arten zur Ordnung der Wale (wissenschaftlich: Cetacea). Seht hier eine kleine Auswahl der großen **Meeressäuger**. Und lest, anhand welcher Merkmale ihr diese Arten erkennen könnt – ganz ohne baden zu gehen

Text: Andreas Sommer

BUCKELWAL
(Megaptera novaeangliae)

Der Musikalische

Größe: bis zu 18 Meter lang und 40 Tonnen schwer

Besonderheit: Er singt über 620 verschiedene Töne.

Erkennungszeichen: Der Buckelwal pustet einen breiten Blas in die Luft. Auffallend sind seine langen Brustflossen und die schwarz-weißen Zeichnungen auf den Unterseiten der Fluke und seines Körpers. Aber Vorsicht beim Beobachten! Buckelwale springen oft sehr nah an Booten aus dem Wasser.

* Hier seht ihr, welche Körperteile des Wals über der Wasseroberfläche zu sehen sind und wie dessen Blas aussieht

GRÖNLANDWAL
(Balaena mysticetus)

Der Methusalem

Größe: bis zu 20 Meter lang und 100 Tonnen schwer

Besonderheit: Er wird bis zu 200 Jahre alt.

Erkennungszeichen: Wie bei jedem Wal: der Blas, also die Fontäne, die beim Ausatmen entsteht. Beim Grönlandwal ist sie breit, v-förmig und bis zu sieben Meter hoch. Seine Haut erscheint dunkel, nur am Kopf und an der Fluke, also der Schwanzflosse, schimmert sie weiß. Grönlandwale haben keine Rückenflosse.

POTTWAL *(Physeter macrocephalus)*
Der Tiefseejäger

Größe: bis zu 18 Meter lang und 55 Tonnen schwer

Besonderheit: Er jagt Riesenkalmare in drei Kilometer Tiefe.

Erkennungszeichen: Sein Blas steigt fünf Meter hoch in die Luft – und zwar schräg, denn sein einzelnes Blasloch liegt vorn auf der linken Seite. Beim Abtauchen stellt der Pottwal seine breite, deutlich dreieckige und gezackte Fluke senkrecht. Trotz seines Gewichts gelingt es ihm, mit seinem gesamten Körper aus dem Wasser zu springen.

GRAUWAL *(Eschrichtius robustus)*
Der Weltenbummler

Größe: bis zu 15 Meter lang und 35 Tonnen schwer

Besonderheit: Er wandert im Jahreslauf über 20 000 Kilometer weit.

Erkennungszeichen: Weil auf der Haut des Grauwals Krebstiere und Seepocken wachsen, sieht seine sonst dunkelgraue Haut meist fleckig aus. Durch seine beiden Nasenlöcher erzeugt er einen herzförmigen, bis zu vier Meter hohen Blas. Seine lange Fluke hebt er vor dem Abtauchen weit aus dem Wasser.

BLAUWAL *(Balaenoptera musculus)*
Der Gigant

Größe: bis zu 33 Meter lang und 190 Tonnen schwer

Besonderheit: Er ist das wohl größte Tier aller Zeiten.

Erkennungszeichen: Großer Wal, großer Blas: Zwölf Meter hoch schießt die Fontäne des Blauwals in den Himmel. Die Rückenflosse, Finne genannt, ist dagegen winzig. Seine Fluke hebt er beim Abtauchen kurz aus dem Wasser. Wie der Körper ist sie blaugrau, gescheckt und einfach riiiiiesig!

BELUGA *(Delphinapterus leucas)*
Der weiße Wal

Größe: bis zu 5,5 Meter lang und 1,5 Tonnen schwer

Besonderheit: Er schwimmt teilweise über Flüsse weit ins Landesinnere.

Erkennungszeichen: Der Beluga hat eine vollständig weiße Haut. Seine geschwungene Fluke klatscht er mit einem lauten Platschen auf das Wasser. Er „unterhält" sich mit seinen Artgenossen durch verschiedene Laute, etwa durch Brummen, Quieken und Zwitschern – oft auch über dem Wasser.

GEWÖHNLICHER SCHWEINSWAL *(Phocoena phocoena)*
Der Zwerg

Größe: bis zu 1,9 Meter lang und 70 Kilogramm schwer

Besonderheit: Ihm begegnet ihr auch an Nord- und Ostsee.

Erkennungszeichen: Sein Rücken schimmert dunkel, sein Bauch hell. Die Fluke des kleinen Wals, der nur etwa so viel wiegt wie ein Mensch, ist geschwungen. Manchmal reitet er auf Wellen oder springt aus dem Wasser und landet anschließend auf der Seite. Platsch!

NARWAL *(Monodon monoceros)*
Das Einhorn

Größe: bis zu 4,7 Meter lang und 1,6 Tonnen schwer

Besonderheit: Den Männchen wächst ein bis zu drei Meter langer Stoßzahn.

Erkennungszeichen: Der Narwal wird mit zunehmendem Alter immer heller, behält aber dunkle Flecken auf seinem Rücken. Er hat keine Finne. Die Männchen attackieren sich beim Wal-Kampf um das Revier mit ihren Stoßzähnen. Wenn es friedlich zugeht, unterhalten sie sich mit Klickgeräuschen.

GROSSER TÜMMLER
(Tursiops truncatus)

Der Filmstar

Größe: bis zu vier Meter lang und 650 Kilogramm schwer

Besonderheit: Er ist seit der Serie „Flipper" die wohl bekannteste Walart.

Erkennungszeichen: Seine Haut erscheint in verschiedenen Grautönen, seine gezackte Fluke hat spitze Enden. Auffällig ist auch seine große, sichelförmige Finne. Der Große Tümmler springt oft spielerisch aus dem Wasser, begleitet manchmal neugierig Boote oder Taucher und gilt als sehr intelligent.

SCHWERTWAL *(Orcinus orca)*

Der Teamspieler

Größe: bis zu zehn Meter lang und 5,5 Tonnen schwer

Besonderheit: Er greift seine Beute oft in der Gruppe an und nutzt dabei verschiedene Taktiken.

Erkennungszeichen: Der Orca, wie der Schwertwal auch genannt wird, hat einen hohen, buschigen Blas. Oft springt er kunstvoll aus dem Wasser. Dann erkennt ihr seinen weißen Bauch und zwei weiße Flächen hinter den Augen auf der sonst fast schwarzen Haut.

GEMEINER DELFIN *(Delphinus delphis)*

Der Surfer

Größe: bis zu 2,7 Meter lang und 110 Kilogramm schwer

Besonderheit: Er reitet auf den Bugwellen von Schiffen.

Erkennungszeichen: Sein Bauch und Teile seiner Rückenflosse sind hell, der Rücken ist dunkelgrau. In der Fluke des Gemeinen Delfins ist mittig eine auffällige Kerbe. Er schlägt beim Springen manchmal einen Salto und nutzt die von Schiffen verursachten Wellen zum Surfen.

PLANKTON
DIE HERUMTREIBER

Planlos, harmlos, hilflos: Plankton gehört zu den am meisten unterschätzten **Bewohnern** der Meere. Zu Unrecht! Warum? Das lest ihr hier – in fünf Fragen und Antworten

Text: *Tim Kalvelage*

Dinoflagellaten werfen sich oft in Schale: Die winzigen Einzeller gehören zum Phytoplankton und sind mit bloßem Auge nicht zu erkennen. Viele Arten schützen sich mit einem Panzer

Abermillionen Tonnen von Quallen, Krill, Meeresschnecken und andere Tiere schweben als **Zooplankton** durch die Ozeane – ein gefundenes Fressen für Fische, Pinguine, Robben, Seevögel und Wale

Mikroalgen bestehen aus nur einer Zelle und treiben als Phytoplankton durchs Meer. Sie dienen Plankton-Tieren wie Fischlarven und Krill als Nahrung

WAS IST PLANKTON?

Ein ziemlich entspannter Haufen, könnte man meinen. Schließlich lässt sich das Plankton den lieben langen Tag (und auch nachts) treiben. Anders als etwa Fische kann es nämlich nicht aktiv gegen die Strömung anschwimmen.

Neben dem Leben in der Schwebe haben die Herumtreiber nicht allzu viel gemein, zum Plankton zählen die unterschiedlichsten Arten: Quallen mit riesigen Schirmen und meterlangen Tentakeln, aber vor allem auch Krebse, Fischlarven, millimeterkleine Schnecken oder Algen, so winzig, dass sie mit bloßem Auge nicht zu erkennen sind.

Grob lässt es sich in zwei Gruppen einteilen: pflanzliches Plankton, also Phytoplankton, und tierisches Plankton, auch Zooplankton genannt. Das Phytoplankton bilden Algen, die aus einer einzigen Zelle bestehen. Wie Gräser und Bäume betreiben sie Fotosynthese, stellen also aus dem Gas Kohlendioxid (CO_2) und Wasser energiereiche Zuckermoleküle her. Weil sie dazu auch Sonnenlicht benötigen, irren sie vor allem nahe der Meeresoberfläche umher. Jeder Wassertropfen dort enthält Tausende Mikroalgen.

WOZU BRAUCHT ES DIE HERUMTREIBER ÜBERHAUPT?

Ihre entspannte Lebensweise macht vor allem die winzigen Algen zu einer leichten Beute: Sie werden von Zooplankton verputzt. Auch Krabben, Muscheln und kleine Fische verspeisen sie tonnenweise. Und die landen wiederum in den Mägen von Thunfischen, Pinguinen und Blauwalen. Die winzigen Algen stehen also am Beginn der Nahrungskette und bilden damit die Nahrungsgrundlage nahezu aller Lebewesen im Meer. Ohne sie wäre der Ozean eine leblose Wüste.

Zudem sorgen die Algen buchstäblich für ein gutes Klima: Sie nehmen große Mengen klimaschädliches CO_2 aus der Atmosphäre auf und ▶

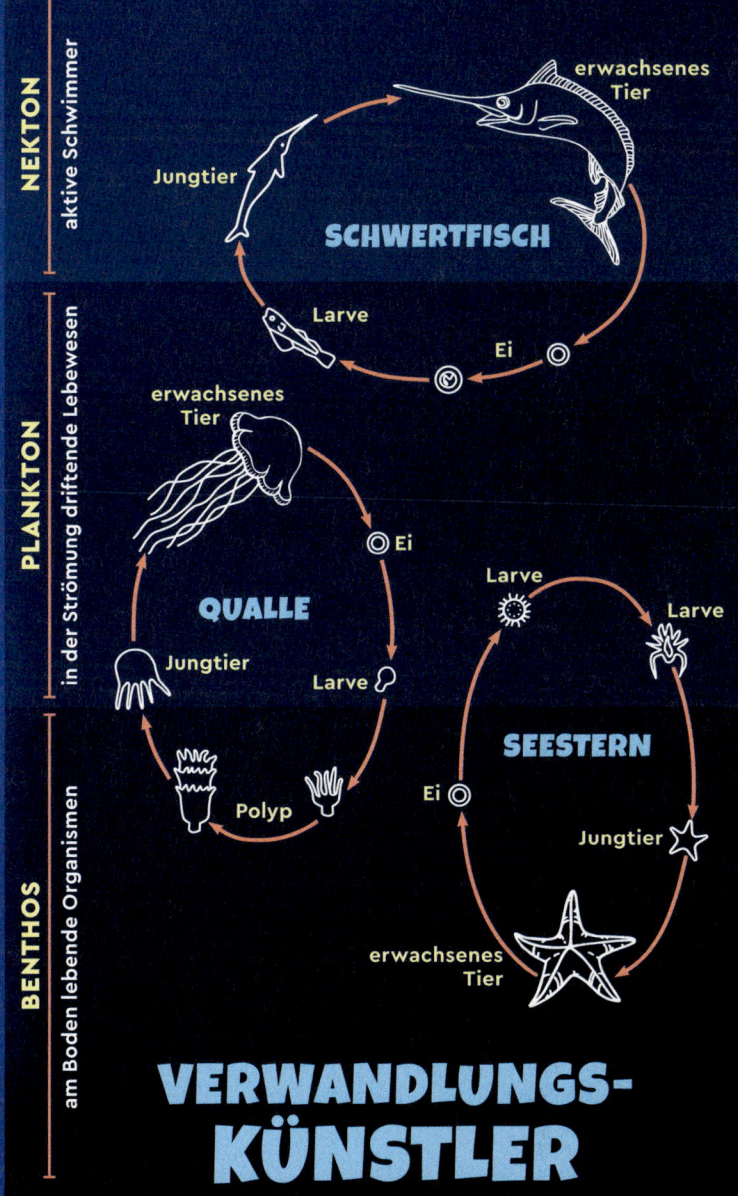

VERWANDLUNGS-KÜNSTLER
Vom Plankton zum Raubfisch

Meeresbewohner lassen sich in drei **Kategorien** einteilen: in Nekton (aktive Schwimmer), Plankton (in der Strömung treibende Lebewesen) und Benthos (am Boden lebende Organismen).

Im Laufe ihres Lebens machen sie bisweilen eine erstaunliche Verwandlung mit: **Schwertfische** etwa gehören zunächst zum Plankton, ihre Eier und Larven treiben ohne Schutz umher. Erwachsene Tiere flitzen später als pfeilschnelle Jäger durchs Meer – und gehören damit zum Nekton. **Seesterne** beginnen ihr Leben ebenfalls als Plankton, sinken später aber zum Meeresboden hinab und krallen sich mit ihren meist fünf Armen dort fest. Sie gehören deshalb zum Benthos.

Umgekehrt machen es **Quallen**: Sie heften sich als Larve am Meeresgrund fest und verwandeln sich dort in einen Polypen. Dieser wird später zu einer kleinen Qualle, die für den Rest ihres Lebens als Zooplankton durch den Ozean schwebt.

stellen gleichzeitig Sauerstoff her – und zwar so viel wie alle Pflanzen an Land. Ein fauler Haufen sind sie also nur auf ersten Blick.

IST PLANKTON WIRKLICH HARMLOS?

Aus Sicht der Beute sicher nicht! Weil Planktontiere dieser nicht hinterherhetzen können, hat die Natur sie mit ausgefeilten Waffen gerüstet. Besonders trickreich sind die Dinoflagellaten, winzige Einzeller. Sie schießen mit Mikro-Harpunen und Schnellfeuerkanonen auf ihre Beute oder werfen schleimige Netze aus.

Und von wegen hilflos: Wenn es ihnen selbst an den Kragen gehen soll, können Dinoflagellaten ziemlich ungemütlich werden. Sie schleudern Angreifern Speere oder giftige Substanzen entgegen. Oder erzeugen Lichtblitze, die räuberische Krebse abschrecken. Größere Planktontiere wie Ruderfußkrebse können blitzartig fliehen und sich bei Gefahr bis zu 50 Zentimeter weit weg katapultieren.

WO GENAU TREIBT SICH PLANKTON HERUM?

Zooplankton lebt in jedem Winkel des Ozeans, selbst im elf Kilometer tiefen Marianengraben, der tiefsten Stelle im Meer. Die meisten Planktontiere tummeln sich jedoch in der obersten Meeresetage. Dort, wo Algen genügend Licht finden, und das Zooplankton damit reichlich Nahrung.

Besonders viel Phytoplankton gibt es überall dort, wo Nährstoffe wie Stickstoff oder Phosphor im Überfluss vorhanden sind. Vor der Küste von Peru im Südpazifik etwa gelangen sie mit einer kalten Strömung aus der Tiefsee an die Oberfläche. Die Algen gedeihen dort so gut, dass sie zahllose Fische, Seelöwen und Seevögel anlocken.

TROTZDEM IST PLANKTON ZIEMLICH UNSCHEINBAR, ODER?

Nicht wirklich. Die Winzlinge lassen sich bisweilen sogar aus dem All entdecken! Denn in den Ozeanen kommt es regelmäßig zu Algenblüten, die sich über Hunderte Kilometer erstrecken. Im Nordatlantik etwa geschieht das im Frühjahr, wenn die Tage heller werden und sich das Wasser erwärmt. Dann vermehrt sich das Phytoplankton explosionsartig und färbt das Wasser, mal grün, mal türkis, mal blutrot – je nach Art. Wie groß diese Farbwolken wirklich sind, lässt sich nur mithilfe von Satellitenfotos erkennen. ■

Hier machen Dinoflagellaten blau: Die brechenden **Wellen** vor der walisischen Küste lösen in den Einzellern eine chemische Reaktion aus und bringen sie zum Leuchten

 – Das Magazin für junge Leser

Einzigartig. Mittendrin. Die GEOlino-App

Die Welt zum Begreifen nah!

Die neue GEOlino-App für junge Entdecker:

- Spielerisch die Welt erforschen
- Einzigartige Wissensvermittlung dank Augmented Reality
- Interaktive Quiz und Rätsel
- Jede GEOlino Ausgabe im angenehmen Textlesemodus
- Perfekte Ergänzung zum GEOlino-Heft

Jetzt erkunden und downloaden:
www.geolino.de/app

ab **1,99 €**
statt ~~4,47 €~~
im Abo*

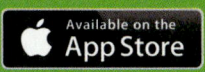 Available on the App Store

*1,99 € im Angebot GEOlino aboPLUS   Anbieter des Abonnements ist Gruner+Jahr GmbH. Belieferung und Betreuung erfolgen durch DPV Deutscher Pressevertrieb GmbH als leistendem Unternehmen.

TEST
Bist du ein Ozeanretter?

*Klimawandel, Überfischung und riesige **Plastikmüllstrudel** bedrohen unsere Ozeane. Doch dagegen lässt sich etwas tun! Ihr wollt wissen, ob in euch ein Ozeanretter steckt? Dann macht den Test und findet es heraus!*

1 Ihr plant einen Urlaub am Meer. Wie stellst du dir deine Traumreise vor?

A: Eine Kreuzfahrt an die schönsten Strände der Karibik.
B: Eine Fahrradtour an der Ostseeküste.
C: Eis essen am Strand von Rimini.

2 Was unternimmst du gegen das Plastikproblem?

A: Mein Müll landet in der Tonne. Immer.
B: Plastik? Kommt mir gar nicht erst in den Jutebeutel!
C: Ich geb's zu: Ich habe schon mal eine Plastikflasche am Strand liegen lassen …

3 Alaska-Seelachs gilt als der beliebteste Fisch der Deutschen. Du magst ihn besonders …

A: … als kross gebratene Stäbchen. Lecker!
B: … aus nachhaltiger Fischerei. Das erkenne ich etwa am MSC-Siegel.
C: … wenn er in freier Wildbahn umherschwimmt.

5 Die Ozeane versauern. Weißt du, was damit gemeint ist?

A: Es hat mit dem Klimawandel zu tun – und der macht mich auch sauer!
B: Hä? Ich dachte Meerwasser schmeckt salzig?
C: Die Ozeane nehmen immer mehr Kohlendioxid (CO_2) auf. Das Gas bildet zusammen mit Wasser Kohlensäure.

4 Manche Politiker fordern eine Extra-Steuer auf Plastikverpackungen. Deine Meinung dazu?

A: Das reicht nicht! Firmen sollten gezwungen werden, nur umweltfreundliche Verpackungen zu verwenden.
B: Bloß nicht! Dann werden Bonbons und Co. ja noch teurer!
C: Volle Zustimmung! Sonst ändert sich nie etwas.

6 Ab Seite 26 stellen wir Jungen und Mädchen vor, deren Heimat durch steigende Meeresspiegel bedroht ist. Was denkst du, wenn du davon liest?

A: Dagegen muss doch jemand etwas unternehmen!
B: Ich schließe mich der nächsten Klimaschutz-Demo an!
C: Tja, da kann man wohl nichts machen …

7 Hast du schon mal einen echten Wal gesehen?

A: Leider nicht. Aber die Wal-Galerie auf Seite 64 kann sich auch sehen lassen.
B: Ja, einen Großen Tümmler im Aquarium.
C: Nein. Ich finde es schlimm, dass manche Wale in Gefangenschaft leben müssen.

AUFLÖSUNG

Wie viele Punkte du für deine Antworten bekommst, verrät die Tabelle rechts. Zähle alle Punkte zusammen.

Meine Punktzahl: _____

Fragen		1	2	3	4	5	6	7
Antworten	A	0	3	0	5	3	3	3
	B	5	5	3	0	0	5	0
	C	3	0	5	3	5	0	5

0–12 PUNKTE:
Da geht noch mehr

Wir zeigen nicht gern mit der Flosse auf andere – aber du bist kein Ozeanretter. Bisweilen verhältst du dich sogar so rücksichtslos, dass du dem Meer und seinen Bewohnern schadest. Kein Grund, jetzt in **Scham** zu versinken. Mach's doch ab sofort einfach besser.

13–25 PUNKTE:
Der Kurs stimmt

Dass unsere Ozeane stark bedroht sind, ist dir bewusst. Allerdings fällt es dir manchmal schwer, immer genau richtig zu handeln. Aber hey, lass dich davon nicht unterkriegen! Immerhin gibst du dir **Mühe** und bist damit grundsätzlich auf dem richtigen Dampfer.

26–35 PUNKTE:
Volle Kraft voraus!

Wow, hier ist gerade der **Held** der Weltmeere aufgetaucht. Dir ist es wichtig, dass wir die Ozeane schützen – jeder Einzelne, aber auch Politiker oder große Firmen. Von Untergangsstimmung keine Spur, stattdessen schaffst du es sogar, mit deinem überbordenden Einsatz andere mitzureißen.

Tütensuppe: In den Ozeanen schwimmt tonnenweise **Plastik**. Grüne Meeresschildkröten halten es bisweilen für Quallen, schnappen und verschlingen es

Verschluckt
WIE SCHILDKRÖTEN UNTER PLASTIKMÜLL LEIDEN

Die Grüne Meeresschildkröte tummelt sich seit mehr als 150 Millionen Jahren in den Weltmeeren – und könnte bald ausgestorben sein. Vor allem eines hat ihr in den vergangenen 50 Jahren zugesetzt: Plastik. Deshalb setzen *Tierschützer* alles daran, den Müll wieder loszuwerden

Text: *Catharina Meybohm*

Ihr wollt noch mehr über das Thema erfahren? Dann schaut in das kleine **Heft**, das vorn auf dem Cover klebt!

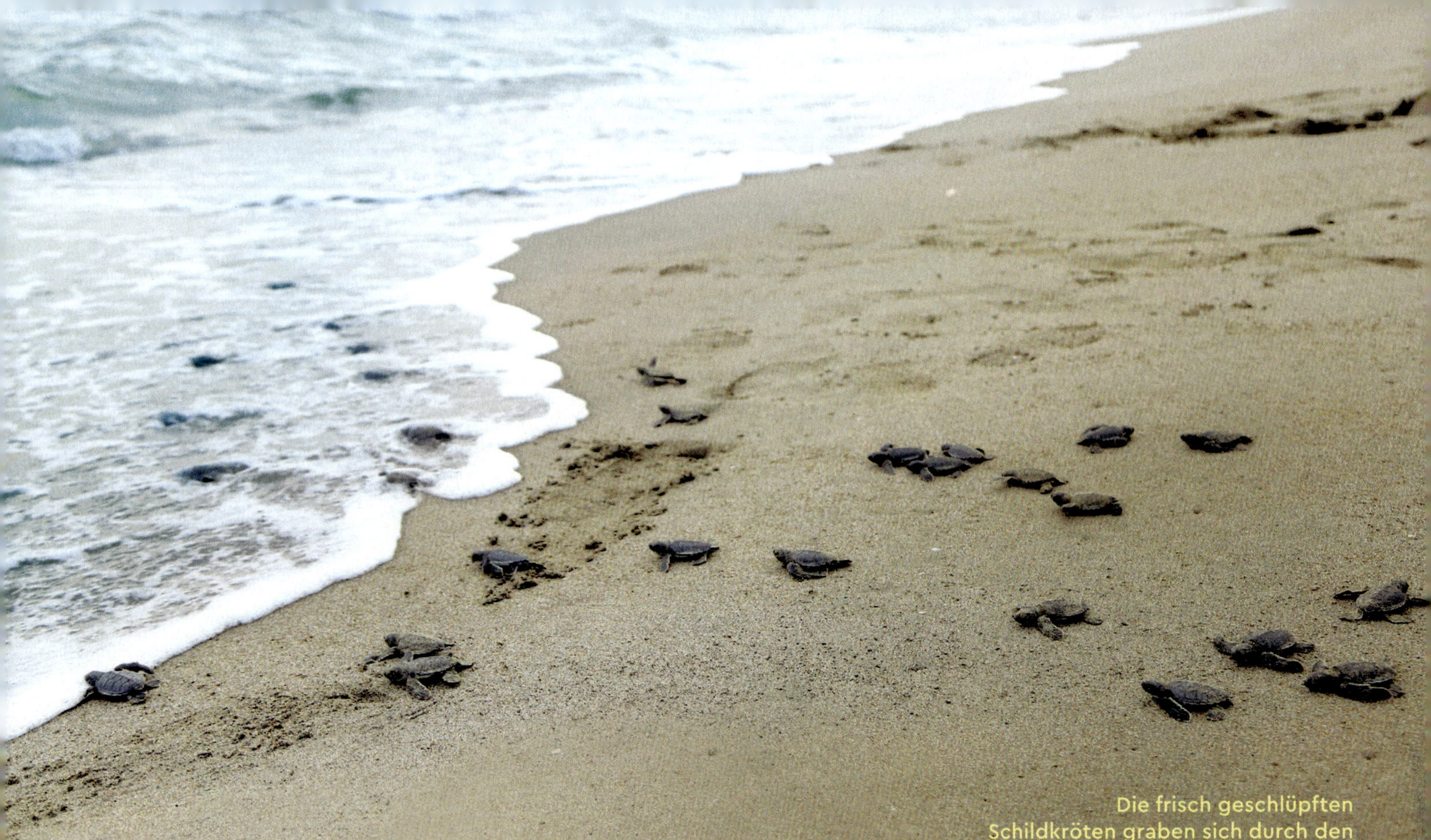

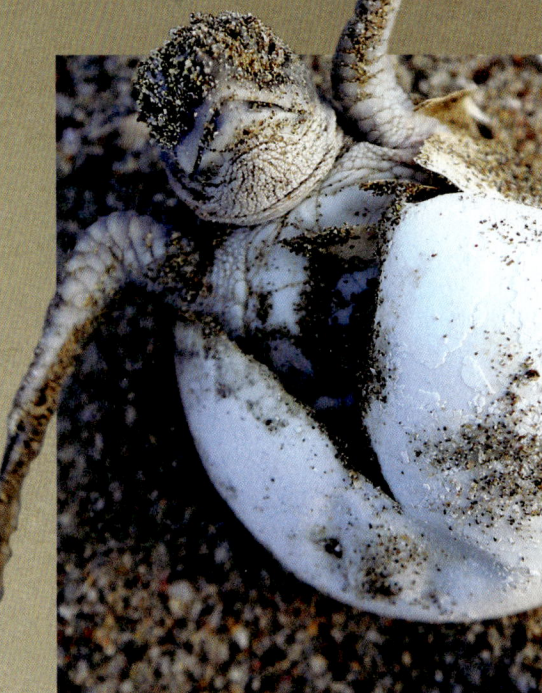

Die frisch geschlüpften Schildkröten graben sich durch den **Sand** Richtung Meer (großes Bild). Sie sind fünf Zentimeter lang und wiegen 25 Gramm – in etwa so viel wie eine **Packung** Papiertaschentücher (unten)

Jetzt aber schnell! Kaum hat die Grüne Meeresschildkröte sich aus ihrem tischtennisballgroßen Ei geschält, beginnt für sie ein Wettlauf um Leben und Tod! Mit aller Kraft schlägt sie die Vorderbeine in den Sand und robbt über den Strand. Schneller, los, schneller! Fressfeinde wie Krabben und Möwen liegen schon auf der Lauer. Doch die Schildkröte weiß instinktiv, wo es langgeht: zur nächsten Welle, die sie in Sicherheit wiegt.

Weltweites Problem

Tatsächlich aber warten im Meer nur neue Gefahren. Eine davon: Müll, genauer gesagt: Plastikmüll.

Experten schätzen, dass mindestens 86 Millionen Tonnen Tüten, Flaschen, Fischernetze und Verpackungen in den Weltmeeren umhertreiben. Jedes Jahr kommen bis zu 12,7 Millionen Tonnen hinzu.

Zwar wird der Abfall etwa von Wind und Wellen zu immer kleineren Teilen zersetzt – doch er löst sich vermutlich niemals vollständig auf. Die Leidtragenden: mehr als 2200 im Meer lebende Tierarten (lest dazu auch den Kasten auf Seite 78), wie die vom Aussterben bedrohte Grüne Meeresschildkröte.

Unter Müll begraben

„Wir werden vermutlich die nächsten Jahrzehnte damit beschäftigt sein, das Plastikproblem in unseren Meeren wieder zu lösen“, sagt Stefan Ziegler. Der Biologe arbeitet ▸

GEOlino extra Fotos: Paolo Di Oliviera/ARDEA/INTERFOTO (l.); Shutterstock (r., 2)

Der Schein trügt: In Vietnam spannen Hotelbesitzer Netze als Müll-Fallen ins Meer und lassen Arbeiter Plastikfetzen aus dem Sand klauben. Ihre **Strände** sehen darum aus wie auf einer Postkarte

für die Umweltschutzorganisation WWF etwa auf der Insel Phu Quoc in Vietnam. In den 1960er-Jahren kamen dort Jahr für Jahr noch Hunderte Grüne Meeresschildkröten an die Strände, um bei Vollmond Löcher zu buddeln und ihre Eier zu legen. „Inzwischen sind es noch etwa 300 im ganzen Land", sagt Stefan Ziegler.

Schuld daran sind unter anderem die rund fünf Millionen Touristen, die die Insel jedes Jahr heimsuchen, auch um die Tier- und Pflanzenwelt zu bestaunen. In der Vergangenheit wurden für sie immer mehr Hotels hochgezogen, aus Nistplätzen wurden Bauplätze. Seitdem bringen die Touristen zwar Geld nach Phu Quoc – aber auch Unmengen an Müll. Die Insel droht buchstäblich unter den Abfallbergen zu versinken. Vietnam zählt zu den fünf Hauptverursachern von Plastikmüll im Meer.

Fatale Verwechslung

Gerade die jungen Meeresschildkröten sind davon bedroht. Nur höchstens eines von 1000 Tieren erreicht noch das fortpflanzungsfähige Alter von 20 Jahren. 2018 haben australische Forscher 250 tote Meeresschildkröten untersucht. Im Körper jedes zweiten Jungtieres fanden sie Kunststoffteile, bei den ausgewachsenen war es noch jedes sechste. Manche hatten Hunderte Stücke verschluckt.

Warum die Schildkröten zuschnappen, wissen Forscher noch nicht genau. Möglicherweise verwechseln unerfahrene Tiere etwa Tüten mit Quallen oder sie fühlen sich vom Geruch des sich zersetzenden Plastiks angezogen. Sicher ist jedoch: Mit jedem verschluckten Teil steigt das Sterberisiko, ab 14 Stücken um 50 Prozent. Die scharfen Kunststofffitzel können Magen und Darm verletzen. Außerdem nimmt der Körper vermutlich Stoffe aus dem Plastik auf, die die Tiere krank machen.

Endstation Fischernetz

Ihr Appetit ist es auch, der die Grüne Meeresschildkröte weiterhin nach Phu Quoc treibt. Vor der Insel befinden sich riesige Seegraswiesen. Doch in den Pflanzen bleiben auch Verpackungen, Flaschen und Tüten hängen wie in einem Kamm. Herumtreibende Fischernetze werden für die Schildkröten ▶

An anderen Küstenabschnitten türmen sich Unmengen von Müll auf **Halden**, wo er leicht davonflattern kann

Gefangen im **Geisternetz**: Dieser Schildkröte geht die Zeit aus – und die Puste. Im wachen Zustand schnappen die Reptilien normalerweise etwa alle fünf Minuten nach Luft

Weg mit dem Dreck! Die Umweltschutzorganisation WWF veranstaltet auf der vietnamesischen Insel Phu Quoc regelmäßig **Müllsammlungen** (oben). Außerdem spendet sie **Container** und hilft dabei, die Müllabfuhr weiter auszubauen (links)

77

leicht zu einer tödlichen Falle. Verheddern sie sich darin, ertrinken sie. Denn die Tiere haben keine Kiemen, sondern Lungen, und müssen regelmäßig nach Luft schnappen. Immer wieder, so Stefan Ziegler, berichten einheimische Fischer, sie hätten ertrunkene Meeresschildkröten entdeckt.

Retter im Einsatz

Seit zwei Jahren setzt sich der WWF auf Phu Quoc gegen die Plastikflut ein. Die Umweltschützer helfen, die Müllabfuhr auszubauen, damit auch in entlegenen Dörfern der Abfall abgeholt wird.

Außerdem machen sie die Bevölkerung auf das Problem aufmerksam, halten Vorträge in Schulen oder helfen Hotels dabei, ihren Abfall zu reduzieren. Bei Sammelaktionen schließen sich immer mehr Freiwillige an, fischen Müll aus den Seegraswiesen und räumen die Strände auf. „Wenn wir an einem Tag fünf bis sechs Tonnen eingesammelt haben, dauert es oft nur wenige Tage und neuer Plastikmüll ist angespült", sagt der Umweltschützer. Auch wenn man den Frust heraushört, betont er, dass jede Hilfe zählt. Gerade Kinder und Jugendliche begreifen angesichts der Müllmengen, dass es so nicht weitergehen kann. Sie wollen kämpfen: für eine saubere Heimat – ihre eigene und die der Meeresschildkröten. ◾

STECKBRIEF:
Grüne Meeresschildkröten

ALLGEMEIN: Grüne Meeresschildkröten, wissenschaftlich *Chelonia mydas*, leben in allen tropischen und subtropischen Meeren der Erde. Sie gelten als gefährdet, etwa weil Erderwärmung und Umweltverschmutzung ihren Lebensraum zerstören und weil sie wegen ihres Fleisches gejagt werden.

GRÖSSE UND GEWICHT: Die Panzer von erwachsenen Tieren können bis zu 1,50 Meter lang werden. Weibchen sind in der Regel größer und schwerer als Männchen und bringen bis zu 190 Kilogramm auf die Waage.

NAHRUNG: Junge Meeresschildkröten fressen etwa Fischeier, Quallen, Würmer oder Krebse. Erwachsene Tiere ernähren sich überwiegend von Meerespflanzen.

NACHWUCHS: Weibchen vergraben drei- bis fünfmal im Jahr jeweils bis zu 200 Eier – und zwar an dem Strand, an dem sie selbst zur Welt gekommen sind. Die Jungen schlüpfen gleichzeitig nach 50 bis 70 Tagen. Vermutlich werden sie erst mit rund 20 Jahren geschlechtsreif.

Auf Nahrungssuche grasen die Schildkröten den Meeresgrund ab. Im **Seegras** verfangen sich jedoch leicht Plastikabfälle – und landen zusammen mit dem Grünfutter im Schildkrötenmagen

Gefährlicher Müll

*Unzählige Vögel, Fische, Schildkröten, Krebse und andere Lebewesen sterben Jahr für Jahr an **Kunststoffabfällen** im Meer. Einige von ihnen haben es sogar weltweit in die Schlagzeilen geschafft*

Basstölpel

2019 wurde ein toter **Pottwal** an die schottische Isle of Harris angespült – mit einer fetten Überraschung: Im Magen des Säugers hatten sich Plastiktüten, Folien, Seile und Fischernetze zu einem 100 Kilogramm schweren Abfallball aufgewickelt. Auch zwei Drittel aller Seevögel haben Plastikmüll im Magen. Manche bauen zudem Kunststoffschnüre und Netz-Fetzen in ihre Nester ein, so wie **Basstölpel** und Trottellummen auf der Nordseeinsel Helgoland. Das Problem: Viele Vögel verfangen sich darin, oft auch die Küken. Erst vor wenigen Monaten haben Forscher der Universität im englischen Newcastle im Marianengraben eine neue Flohkrebs-Art entdeckt. Und nicht nur das: Im Körper des Winzlings fanden sie den Kunststoff PET, aus dem etwa Flaschen oder Folien hergestellt werden. Das Team nannte das Tier **Eurythenes plasticus** – als Zeichen gegen Umweltverschmutzung.

Eurythenes plasticus

Pottwal

Extratour

*Habt ihr alle Geschichten gelesen? Dann knackt ihr diese Knobeleien bestimmt. Wenn nicht: Viel **Spaß** beim Suchen! Die Lösungen verstecken sich nämlich im Heft*

1. Wer passt nicht in die Reihe?

Indischer Ozean
Atlantik
Ozeaneum
Pazifik

2. Welche Meereskreaturen haben wir hier zusammengesetzt?

3. Wen lockt diese Frau aus dem Boden hervor?

4. Auf wen treffen folgende Aussagen zu?
- Wird bis zu zehn Meter lang und 5,5 Tonnen schwer
- Jagt gern im Team
- Hat einen buschigen Blas

5. Fünf Freunde sprechen über Ozeane. Wie viele sagen die Wahrheit? Kombiniert ihre Aussagen, um es herauszufinden!

- **Lucy:** Ein Liter Meerwasser enthält durchschnittlich 35 Gramm Salz.
- **Paula:** Haie und Rochen sind die einzigen Knochenfische.
- **Bob:** Das Zooplankton ernährt sich von Phytoplankton.
- **Laura:** Und Blauwale von Zooplankton.
- **Jim:** Weil Meerwasser Salz enthält, gefriert es schon bei 1,9 Grad Celsius!

6. Im Meer leben viele außergewöhnliche Lebewesen. Welche Aussage über sie trifft nicht zu?

A Der Blauwal bringt bis zu 190 Tonnen auf die Waage. Damit ist er viel schwerer als der größte Dinosaurier, der jemals auf der Erde lebte.

B Das jüngste Mitglied der Walfamile, der Omurawal, wurde erst in den 1970er-Jahren entdeckt. Bis heute wissen Forscher nicht einmal, wie er sich ernährt.

C Fächerfische sind die schnellsten Ozeanbewohner. Sie zischen mit bis zu 320 Sachen durch das Wasser, so schnell wie ein Formel-1-Auto!

D Grönlandhaie werden bis zu 400 Jahre alt! Manche der heutigen Wal-Opis wurden also geboren, bevor es Banknoten oder Dampfmaschinen gab.

AUFLÖSUNG

1. Das Stralsunder Ozeaneum ist ein Meeresmuseum. Die anderen drei sind Ozeane (mehr dazu ab Seite 16)
2. Seeotter, Meeresschildkröte und Kalmar (mehr dazu ab Seite 7s, 22 und 38)
3. Wattwürmer (mehr dazu ab Seite 56)
4. Die Aussagen treffen auf den Orca zu (mehr dazu ab Seite 16 und 64)
5. Lucy, Bob und Laura haben recht, Paula und Jim nicht, somit sagen drei die Wahrheit (mehr dazu auf den Seiten 16 und 68)
6. C, Fächerfische sind zwar schnell, sie schaffen aber nur rund 100 Kilometer pro Stunde (mehr dazu ab Seite 30)
7. In Korallenriffen leben geschätzt eine Million Tierarten (mehr dazu ab Seite 30)
8. Der Otter verspeist Seeigel, die die Kelpwälder fressen (mehr dazu ab Seite 22)
9. Die Nomura-Qualle ist mit einem Gewicht von 200 Kilo die schwerste Qualle der Welt (mehr dazu ab Seite 30)

7. An welchen Unterwasserbauwerken leben besonders viele Tierarten?

8. Wer schützt die Kelpwälder vor den Aleuten?

9. Welchen Rekord hält dieses Wesen?

TIPPS & INFOS

Mehr zum THEMA

Top-3-Ausflugsziele

Ozeaneum Stralsund

Stralsund liegt direkt an der Ostsee. Im Ozeaneum könnt ihr aber viel mehr Meer entdecken, nämlich alle Gewässer der nördlichen Halbkugel. Durch das riesige und 30 Zentimeter dicke Panoramafenster des größten Aquariums etwa taucht ihr direkt in den Atlantischen Ozean ein: Makrelenschwärme flitzen umher, Rochen, Barsche und Brassen ziehen ihre Runden. Dazwischen gleiten mehrere Haie durchs Salzwasser. Humboldt-Pinguine watscheln und tauchen in einem eigenen Bereich. Und in der Nordsee-Abteilung erlebt ihr im Brandungsbecken, wie der Wellengang die Tierwelt an der Küste beeinflusst. Sogar auf einen Blauwal und andere Meeressäuger trefft ihr – als Modelle in Lebensgröße.

Ozeaneum Stralsund • Hafenstraße 11, 18439 Stralsund • www.ozeaneum.de

Sealife Berlin

Sealife-Aquarien findet ihr in mehreren deutschen Städten. In Berlin könnt ihr täglich bei mehreren Fütterungen dabei sein – etwa am Rochenbecken. Die neugierigen Unterwasser-Gleiter pressen sich dabei an die Scheibe und schauen nach, was „draußen" so passiert.

Sealife Berlin • Spandauer Str. 3, 10178 Berlin • www.visitsealife.com

Aquazoo Düsseldorf

Das Düsseldorfer Museum ist sowohl ein Aquarium, in dem ihr Fische, Hummer oder Pinguine erlebt, als auch eine Ausstellung über die Evolution der Tiere. Eine spannende Mischung!

Aquazoo Löbecke Museum • Kaiserswerther Str. 380, 40474 Düsseldorf • www.düsseldorf.de/aquazoo

🎲 Spiele-Tipp

Reine Glückssache

DARUM GEHT'S: Am Schluss ist die Spannung immer am größten: „Ich brauche nur noch den Kugelfisch!" – „Und ich den Großen Tümmler und den Riesenkalmar!" Welcher Ozeanbewohner wohl als Nächstes aus dem Stoffbeutel gezogen wird? Wer zuerst alle 25 Meerestier-Felder des eigenen Spielbretts mit einem gelben Spielstein markiert hat, ruft laut „Bingo!" – und hat die Runde gewonnen.

DARUM LOHNT ES SICH: Das „Meeres-Bingo" könnt ihr ohne langwierige Erklärungen einfach losspielen. Dabei geht es an jedem Familientisch hoch her. Zusätzlich findet ihr in dem mitgelieferten Heftchen noch Informationen über die verschiedenen Ozeanbewohner.

Meeres-Bingo • Laurence King Verlag • 2 bis 6 Spieler • etwa 25 Euro

📖 Buch-Tipp

So lebendig wie die Weltmeere

DARUM GEHT'S: Schon die Seiten dieses Buches sind ozeanisch groß! Dazu steckt es voller farbenfroher Details und ist von den unterschiedlichsten Meerestieren bevölkert: Hammerhaie, Seedrachen, Oktopusse … Sie alle sind ein bisschen wie in einem Comic gezeichnet.

DARUM LOHNT ES SICH: Die Illustrationen verleihen diesem wunderschönen Entdeckungsbuch eine Prise Humor. Und die Texte punkten mit vielen Informationen und sind dabei sehr unterhaltsam. Dieser Tauchgang in die Weltmeere macht richtig Spaß!

Der Atlas der Ozeane • Kleine Gestalten • 96 Seiten • 29,90 Euro

📖 Buch-Tipp

Packt die Bastelsachen aus!

DARUM GEHT'S: Mit dem Mitmachbuch „Meer!" wird es euch nicht so schnell langweilig: Ihr könnt eine Doppelseite in verschiedenen Meeresfarben anmalen, zwölf Windstärken zeichnen, eine Entsalzungsanlage bauen, eine Flaschenpost schreiben, Bernsteinschmuck gestalten … Ihr werkelt euch durch die Seiten und erfahrt ganz nebenbei interessante Dinge über alles, was mit den Ozeanen zu tun hat.

DARUM LOHNT ES SICH: Mal eine ganz andere Annäherung an das große Thema „Meer" – und der perfekte Begleiter für trübe Regentage.

Piotr Karski: Meer! Das Wissens- und Mitmachbuch • Moritz Verlag • 224 Seiten • 19 Euro

💿 DVD-Tipp

Über die Wellen

DARUM GEHT'S: Die Vorfahren der Polynesier segelten einst in kleinen Booten Tausende Kilometer über den Pazifischen Ozean. Häuptlingstochter Vaiana liebt die Legenden über sie. Ihre Heimatinsel ist ein echter Traum – bis die Kokosnüsse schrumpeln und keine Fische mehr anbeißen. Ein Fluch liegt auf dem Paradies! Wird Vaiana ihr Volk davon befreien und retten können?

DARUM LOHNT ES SICH: Spannende Handlung, tolle Animation und witzige Szenen machen den Film zu einem großen Vergnügen.

Vaiana • Disney • 1 DVD • etwa 13 Euro

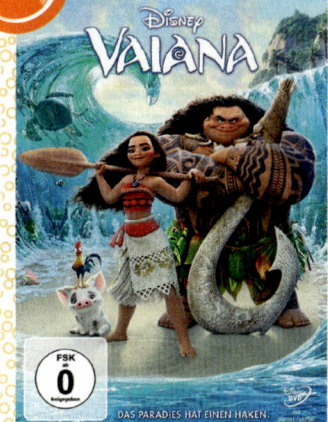

Unsere Buchtipps präsentieren wir zusammen mit Mikado.
Alles über das Kinderradio von NDR Info erfahrt ihr unter www.ndr.de/mikado

VORSCHAU

Das nächste Heft erscheint am 15. Juli 2020

Auch mit DVD erhältlich! Diesmal: »CheXperiment«. In drei Folgen der **KiKa-Reihe** baut Checker Tobi etwa eine Gartenschlauch-Rakete und lässt Popcorn schweben

In der **Achterbahn** steht die Welt bisweilen kopf – und die Fahrgäste auch. Es wirken irre Kräfte auf sie. Wir erklären, warum trotzdem niemand herausfällt

Zaubertrick: Ein Prisma verwandelt weißes Licht in einen bunten Fächer. Und in **Farben** stecken noch viel mehr Überraschungen

Farbenspiel

Physik

Warum ist der Himmel blau? Wie fliegen Flugzeuge? Und wie können Geckos die Decke entlangflitzen? Wenn ihr euch all das auch schon gefragt habt, ist unser nächstes **Heft** genau das Richtige für euch. Denn darin geht es um Physik – die Wissenschaft, die sich mit den Rätseln der Natur beschäftigt. Wir besuchen Forscher, die tief unter der Erde mit riesigen Geräten nach kleinsten Teilchen suchen. Oder erklären, warum **Regenbogen** bunt sind. Und wir stellen euch Physik-Helden wie Stephen Hawking vor und Marie Curie, die vor Physik-Begeisterung sogar das Essen vergaß. **Fußball-Fans** sollten unbedingt den Comic lesen: Darin lösen die Doppel-X-Agenten das Rätsel der Bananenflanke, die Bälle im Bogen durch die Luft sausen lässt.